Sabine Durdel-Hoffmann

VEGANE REZEPTE

AUS DEM RHEINLAND

Sabine Durdel-Hoffmann

lecker vegional!

VEGANE REZEPTE
AUS DEM RHEINLAND

Droste Verlag

INHALT

Levve un levve losse!

Sollte man die ideale Küche für jedermann beschreiben, so wäre es diese: einfach und doch raffiniert, alltagstauglich und doch abwechslungsreich, mit einer überschaubaren Anzahl guter Zutaten schnell zuzubereiten, von herzhaft bis süß und manchmal auch beides, sättigend, aber nicht schwer. Mit viel leckerem heimischem Gemüse und Obst nach erprobten Rezepten zubereitet. Moment, werden Sie sagen, das ist doch unsere rheinische Küche!

Et es wie et es: Kaum eine regionale Küche ist so aromatisch, kombiniert und mischt so mutig und harmonisch salzig, sauer und süß, oben und unten – et kütt soweso zosamme. Die einfachsten Zutaten vom Feld oder vom Markt um die Ecke entpuppen sich so vereint plötzlich als wahre Delikatessen. Was man alles aus Äpfeln, Kappes, Kartoffeln oder Mehl, jewoss wie, machen kann, zeigt uns die rheinische Küche par excellence – eine echte Heimatküche, die wir genießen und mit der wir uns wohl und ganz zu Hause fühlen. Kaum eine andere regionale Küche macht mit so wenig so viel her und hat gleich noch triumphale Namen für die Ergebnisse: Himmel un Ääd.

Schließlich waren die Zeiten auch im Rheinland nicht immer golden und man nahm, was das fruchtbare Umland bot, und machte das Beste daraus. Da musste unter der Woche kein Fleisch dabei sein, das wurde auch gar nicht vermisst, so gut und kräftig schmeckte die fleischlose Hausmannskost. Die besten Rezepte dazu gibt es seit Generationen und man wusste zudem immer, wie man die leckeren Sachen für den Winter oder die Not haltbar machte, nämlich durch Sauereinlegen. So halten es die Rheinländer, denen man bekanntermaßen eine unbeschwerte Lebensart nachsagt, bis heute und fahren gut damit.

Heute gilt der Grundsatz *„Mer muss sisch och wat jünne könne!“* Leider ist das meistens zu viel, um sich wohl zu fühlen und gesund zu bleiben. Zu viel Fett und Fleisch, zu viel Eiweiß und Milch, zu viel Übersüßtes, Gefärbtes, künstlich Aromatisiertes. Dass es eine gesündere Lebensart gibt, die zugleich natürliche Ressourcen schont, ist schon seit Ende des 19. Jahrhunderts bekannt: Da verzichteten einige Mitteleuropäer bewusst auf Fleisch in der Ernährung. Das englische „vegetarian“ wurde als Bezeichnung dafür verknappt zu „vegan“ – das meint einen Verzicht in Ernährung und täglichem Leben, also auch bei Kleidung und Gebrauchsgegenständen, auf Fleisch, Fisch, Meeresfrüchte, Geflügel, alle

Milchprodukte (Milch, Käse, Sahne, Joghurt, Milchpulver), aber auch Honig, Eier sowie sämtliche Produkte aus den genannten Lebensmitteln. Der Rheinländer würde sagen: *Levve un levve losse!*

Eine rein pflanzliche Ernährung kann heute abwechslungsreich, aromatisch und lecker sein, so richtig zum Genießen. Allein durch die kürzeren Zubereitungszeiten ist eine solche Küche völlig unkompliziert im Alltag, denn die Produkte müssen nicht durchgegart werden. Rein pflanzliche Ernährung, so heißt es, schützt vor Herz-Kreislauf-Erkrankungen, Diabetes, Gicht, Rheuma, sie senkt den Cholesterinspiegel, Übergewicht und mildert Wechseljahrsbeschwerden. Man fühlt sich leicht und unbeschwert – wie ein Rheinländer.

Rezepte zum besseren Leben gibt es in der rheinischen Küche in Hülle und Fülle: Ähzezupp, Suure Kappes oder Kompott sind per se vegan, andere können ganz leicht veganisiert werden. Kein Veganer oder „Teilzeitveganer“ muss auf seine geliebte rheinische Küche verzichten: Tolle vegane Produkte, wie es sie heute gibt, lassen sich prima traditionell zubereiten – darauf ein lecker (veganes) Dröpche.

Loss et üch schmecke!

Grundgesetze der veganen Küche

Von allem etwas: Der Speiseplan sollte bunt gemischt und ausgewogen sein. Vor allem sollten frische Bio-Produkte aus heimischem Anbau auf dem Speiseplan stehen: Dann weiß man genau, was auf den Teller kommt und dass die Qualität stimmt. Beim Kauf von Produkten immer die Etiketten prüfen oder sogar den Hersteller befragen: Manchmal wird etwa zum Klären von Wein Eiklar oder bei der Herstellung von Margarine Joghurt verwendet. Rein pflanzliche Produkte gibt es im veganen Supermarkt, in Bioläden, im Reformhaus, Drogeriemarkt, Asialaden, bei Versendern – oder im Regal des ganz normalen Supermarkts. Sie können verarbeitet werden wie tierische Produkte – gewürzt, gebraten, gegrillt, paniert, frittiert oder eingefroren.

Was ersetzt was?

BUTTER, MARGARINE	vegane Butter, vegane Margarine
MILCH	neutraler Sojadrink, Haferdrink, Reisdrink, Dinkeldrink, Mandeldrink (mit Eigengeschmack)
JOGHURT	Sojajoghurt, neutral oder aromatisiert
QUARK	Sojaquark, Seidentofu
SAHNE	Sojasahne, Hafersahne, Reissahne
SAURE SAHNE	Seidentofu, mit Sojaquark und Zitronensaft cremig gerührt
KÄSE FÜRS BOTTERBROT	diverse vegane Käsesorten, Cashewkäse
GERIEBENER KÄSE	Hefeflocken, Hefeschmelz, Mandelcreme

GELATINE	Agar-Agar, Johannisbrotkernmehl
HONIG, ZUCKER	Apfel- oder Rübenkraut, Ahornsirup, Agavendicksaft, Birnendicksaft

Ei

RÜHREI	(Seiden-)Tofu mit Kurkuma
ZUM SÜSSEN BACKEN	Apfelmus (6 EL/1 Ei), reife Banane (3 EL/1 Ei), Ei-Ersatzpulver (siehe Packungsangaben)
ZUM BINDEN	Chia-Samen, Flohsamenschalen, Speisestärke, Sojamehl, Johannisbrotkernmehl
EIWEISS	Eiweiß-Ersatzpulver

Fleisch

FLEISCHBRÜHE	kräftige Gemüsebrühe, Gewürze und Aromen
WURST, WÜRSTCHEN	Sojawurst, Tofuwürstchen, Seitanprodukte
HACKFLEISCH	Sojagranulat, (Räucher-)Tofu (gehackt), Reis(waffeln), Hülsenfrüchte, Haferflocken
(RÄUCHER-) SPECK	Soja-Speck, Räuchertofu, scharfe vegane Würstchen
SCHINKENWÜRFEL	veganer Schinken, fester Tofu (mariniert)
FLEISCH UND GEFLÜGEL GENERELL	Produkte aus Soja, Tofu, Seitan, Tempeh, Hülsenfrüchten
GULASCH, GESCHNETZELTES	Sojafleisch, Seitan (mariniert)
SCHNITZEL	Seitan (gewürzt, ggf. paniert)
BRATEN	Seitan (mariniert)
FISCH	Sojaprodukte, Tofu plus Algenpulver, Aubergine

Wat es dat?

Tofu

Sojabohnen sind das wichtigste Produkt für die vegane Küche. Soja enthält viel Eiweiß und Mineralstoffe, kaum Fett und kein Gluten. Für die Herstellung von Tofu werden Sojabohnen mit Wasser püriert, das Püree gefiltert und die austretende „Milch“ mit Gerinnungsmitteln gestockt. Dem so entstehenden kalorienarmen Soja-Eiweiß wird das Wasser entzogen und es wird gepresst. Tofu ist neutral im Geschmack, in der Konsistenz weich bis schnittfest und in jede Form zu bringen. Er dient als Käse- oder Fleischersatz und wird dazu gewürzt, mariniert oder mit einer aromatischen Sauce serviert. Tofu lässt sich roh verzehren, kochen, dünsten, anbraten oder frittieren und benötigt lediglich eine kurze Erhitzungszeit. In Gemüsezubereitungen oder Saucen wird er lediglich gegen Ende von deren Garzeit zugefügt.

Seidentofu

Ist weich und cremig mit höherem Feuchtigkeitsanteil als „normaler“ Tofu und wird wie Joghurt, Quark, saure Sahne (mit Sojaquark und Zitrone), Crème fraîche oder für Dips verwendet. Aus Seidentofu lassen sich Cremes und Nachspeisen, aber auch Füllungen für Quiches, Tartes oder Kuchen zubereiten. Saucen werden damit verfeinert.

Räuchertofu oder Kräutertofu

Tofu wird geräuchert oder bereits mit Kräutern verarbeitet. Wegen seines bereits vorhandenen Aromas muss Räuchertofu nicht mehr großartig vorbereitet werden, er verleiht Speisen den Geschmack von gebratenem Fleisch. Kräutertofu zum Beispiel schmeckt gewürfelt in Salaten oder als Brotbelag.

Andere Sojaprodukte & TVP (Textured Vegan Protein)

Aus der Sojabohne entstehen viele Produkte: Sojabohnensprossen, Sojadrinks, Sojasahne oder Sojasauce, aber auch Tofu (siehe oben) sowie Sojafleisch am Stück, in Scheiben/Schnitzeln, als trockene Schnetzel oder Granulat beziehungsweise TVP (Textured Vegan Protein). TVP wird aus gemahlenen und gepressten Bohnen, deren Mehl dann entfettet wird, hergestellt. Es ist von fester, etwas faseriger und sehr fleischähnlicher Konsistenz. Vor der weiteren Zubereitung wird TVP in heißer Brühe oder Marinade eingeweicht, dann gut ausgedrückt und nach Belieben gewürzt. Mitgekocht, gebraten, gegrillt oder frittiert haben TVP oder andere Sojaprodukte dann eine Konsistenz wie Fleisch, sehen so aus und schmecken auch so.

Tempeh

Tempeh wird aus Sojabohnen hergestellt, die mit Pilzkulturen „geimpft", fermentiert und gepresst werden. Tempeh enthält viel Eiweiß und Ballaststoffe, er nimmt besonders gut Saucen und Marinaden auf und kann ansonsten wie TVP (siehe S. 10) verarbeitet werden. Vor der weiteren Zubereitung wird ein einfacher Tempehblock in heißem oder kochendem Wasser knapp 10 Minuten etwas weichgekocht – je heißer das Wasser, desto weicher wird Tempeh. Er ist gut zu schneiden und dient vor allem als Fleischersatz, wegen seines dezenten Eigengeschmacks dabei auch als „Leber".

Seitan

(Zubereitung siehe Seite 12)

Weizenmehl wird mit Wasser von Hand zu einem festen, aber noch geschmeidigen Teig geknetet, dann wird die Stärke weitestgehend herausgewaschen. Übrig bleibt ein recht fester Glutenteig mit Struktur, der zu allen Fleischersatzprodukten weiterverarbeitet werden kann: in Scheiben geschnitten, zu Schnitzeln geformt, geschnetzelt oder gehackt, möglichst in einer würzigen Marinade eingelegt oder in einem würzigen Sud gekocht. Wer sich das Auswaschen ersparen will, verwendet zur Herstellung von Seitan Glutenmehl, das es fertig zu kaufen gibt. Seitan hält in Marinade 3–4 Tage im Kühlschrank und wird so zugleich aromatisiert. Man kann ihn auch „pur" ohne Marinade für mehrere Wochen einfrieren. Nicht für Glutenallergiker geeignet!

Süßlupine & andere Hülsenfrüchte

… wie Bohnen, Grünkern (unreifer Dinkel), Kichererbsen oder Linsen enthalten gesunde Fette, Proteine und Ballaststoffe. Produkte daraus gibt es in allen erdenklichen Formen, als Schnitzel, Schnetzel oder Wurst. Geschrotet können sie als „Hackfleisch" und dessen Verarbeitungsformen genutzt werden. Aus der eiweißreichen Lupine entstehen vor allem fleischlose Schnitzel oder Würstchen.

Hefeflocken

Hefeflocken werden aus getrockneter, inaktiver Hefe hergestellt und haben einen würzigen Eigengeschmack. Deshalb werden sie vor allem als Käseersatz, etwa zum Bestreuen (wie mit Parmesan) von Suppen, Salaten oder Pasta verwendet, aber auch zum Binden, Andicken und Verfeinern. Mit Hefeschmelz lassen sich Gerichte wie etwa Pizza überbacken. Hefeflocken nicht kochen!

Grundrezepte

Hausgemachter Seitan

Für etwa 800 g Seitan
1,5 kg Weizenmehl

Das Mehl mit knapp 1 l Wasser verkneten und den Teiglaib in eine große Schüssel legen. Mit handwarmem Wasser auffüllen und 45 Minuten ruhen lassen. Den Teig „waschen“, also kneten, bis das Wasser trübe wird, dann abgießen und neues Wasser nachfüllen. So lange waschen, bis das Wasser klar bleibt, zum Schluss kaltes Wasser verwenden. Wer möchte, kann den Seitanteig zum Schluss mit Gewürzen oder anderen aromatischen Zutaten verkneten.

Den Seitan vor der Weiterverarbeitung in große Stücke teilen, denn er wird aufgehen und braucht Platz: In einem Topf den Seitan Stück für Stück mit Wasser bedecken und 30 Minuten kochen. Alternativ Brühe oder einen Sud verwenden und dem Seitan schon jetzt Geschmack verleihen. Wer ihn in einem Bratschlauch etwa 2 Stunden bei mittlerer Temperatur erhitzt, erhält einen festeren Fleischersatz.

Brühe, Sud und Marinade

Für einen veganen Fleischersatz sind sie unverzichtbar: Sud, Brühen und Marinaden verleihen Tofu, Tempeh oder Seitan, ganz nach der gewünschten Zubereitung, die richtige Geschmacksnuance. Das können vegane Fertigprodukte wie Sojasauce oder Miso sein, vor allem aber selbst gemachte Brühen und Marinaden. Allgemein gilt: Je länger mariniert wird, desto aromatischer wird das Ergebnis.

Gemüsebrühe

1 Bund Suppengrün (Karotte, Sellerieknolle, Porree, Petersilienwurzel)
2 Tomaten
2 Zwiebeln
2 Knoblauchzehen
Kräuter & Gewürze nach Belieben
Salz
schwarzer Pfeffer

Das Gemüse waschen beziehungsweise putzen und in grobe Stücke schneiden. Die Zwiebeln schälen und halbieren, den Knoblauch schälen und auspressen. Die Kräuter waschen, trocken schütteln und grob hacken. Alle Zutaten in 2 l Wasser aufkochen und etwa 2 Stunden köcheln lassen. Wer die Brühe aromatischer haben möchte, lässt sie länger einkochen. Durch ein feines Sieb abgießen und portioniert einfrieren oder in Schraubdeckelgläsern im Kühlschrank bis zu 3 Wochen lagern.

Würzige Grundmarinade für Tofu

300 ml kräftige Gemüsebrühe, 3 EL Sojasauce, 200 ml kräftigen Weißwein, 1 TL Meersalz, 1 TL zerdrückte Pfefferkörner und 1 geh. TL getrocknete Gewürze (Rosmarin, Majoran, Oregano) verrühren und 10 Minuten köcheln lassen. Etwas abkühlen lassen und Tofu-Würfel 12 Stunden darin marinieren.

+ *Marinade für Seitan: würzig, „wie Fleisch“, siehe Seite 72/73, 76/77*
+ *Marinade für Tempeh: „wie Bauchspeck“, siehe Seite 23*
+ *Marinade für Tofu: „wie Fisch“, siehe Seite 104/105*
+ *Marinade für Tofu: „wie Geflügel“, siehe Seite 82/83*
+ *Marinade für Tofu: „wie Kochschinken/Kasseler“, siehe Seite 66/67*

Dips und Saucen

Senf

80 g helle oder dunkle Senfkörner
40 ml Weinessig (5 %)
1 geh. TL Salz
1 geh. EL feiner Rohrohrzucker

Die Senfkörner in einem Mörser fein zerreiben. In einer Schüssel mit etwa 50 ml Wasser verrühren, dann die anderen Zutaten gleichmäßig unterrühren, bis sich der Zucker gelöst hat. In einem Schraubdeckelglas im Kühlschrank lagern und bald verzehren.

Mayonnaise

100 ml neutraler Sojadrink
1 EL milder Senf
1 TL Mandelmus
150 ml Sonnenblumenöl
1 Spritzer Zitronensaft
1 Prise Kurkuma
Salz
weißer Pfeffer

Die Zutaten in einem hohen, schmalen Gefäß mit einem Stabmixer miteinander etwa 5 Minuten luftig aufschlagen und kühl stellen.

Für eine *helle Blitz-Sauce* 1 geriebene Zwiebel in 2 EL Rapsöl glasig werden lassen und mit 1 EL Mehl bestäuben. Mit Sojamilch glattrühren und 150 g Sojasahne angießen. Mit Salz, Pfeffer und Hefeflocken würzen. Für eine *dunkle Blitz-Sauce* 2 EL Mehl in 2–3 EL Olivenöl anrösten. Nach und nach 500 ml Gemüsebrühe einrühren und 10 Minuten köcheln lassen. Mit Salz, Pfeffer und dunkler Sojasauce abschmecken.

Tomatensauce

1 Knoblauchzehe
Olivenöl zum Braten
1 Dose gehackte Tomaten (400 g)
Gemüsebrühe nach Belieben
Salz
schwarzer Pfeffer
getrocknete Kräuter nach Belieben (Rosmarin, Oregano, Thymian)

Den Knoblauch schälen und hacken. In einem Topf das Olivenöl bei mittlerer Temperatur erhitzen und den Knoblauch darin glasig werden lassen. Die Tomaten zugeben und 5 Minuten kochen, dann mit einem Kartoffelstampfer zerdrücken oder mit dem Pürierstab cremig rühren. Würzen und weiterverwenden. Die Sauce hält in einer verschließbaren Flasche im Kühlschrank einige Tage.

Apfel-Zwiebel-Schmalz

125 g Kokosfett
80 ml Sesamöl
2 Zwiebeln
1 großer Apfel
je 1 Msp. fein gehackter Knoblauch, Thymian und Majoran
Salz
schwarzer Pfeffer

Das Kokosfett in einem Topf bei niedriger Temperatur zerlassen und mit dem Sesamöl vermischen. Währenddessen die Zwiebeln schälen und fein würfeln. Den Apfel schälen, vierteln, vom Kerngehäuse befreien und ebenfalls fein würfeln.

Zunächst die Zwiebeln ins warme Fett rühren, dann den Topf vom Herd nehmen und die Apfelstückchen unterziehen. Etwas abkühlen lassen und kräftig würzen. Kurz in den Kühlschrank stellen und vor dem Abfüllen in ein Schraubdeckelglas noch einmal fest umrühren, damit die Zutaten gleichmäßig verteilt werden. Im Kühlschrank aufbewahren und bald verzehren.

+ *Béchamelsauce: siehe Seite 28/29*
+ *Mehlschwitze: siehe Seite 82/83*
+ *Hefeschmelz: siehe Seite 39*

SALATE & VORSPEISEN

Diese Kleinigkeiten folgen der rheinischen Brauhausart. Sie schmecken auch als Hauptgericht, wir sind da mal so frei. Ein Muss: ein veganes heimisches Bier dazu.

Halver Hahn

Im Brauhaus zum Kölsch ein Muss gegen den kleinen Hunger: der Halve Hahn. Wer bei dieser Speise immer noch ein Hähnchen erwartet, gibt sich als von weit her Zugereister zu erkennen.

Für 4 Personen
ZUBEREITUNGSZEIT: 5 MINUTEN

2 Röggelchen
(knusprige, dunkle Doppelbrötchen aus Roggenmehl)
vegane Butter zum Bestreichen
4 wirklich dicke Scheiben sehr aromatischer veganer Käse
Mostert (Senf, siehe Seite 14)

1. Die Röggelchen halbieren und mit Butter bestreichen. Jede Hälfte mit 1 Scheibe Käse belegen – er sollte tatsächlich sehr aromatisch sein! Die Röggelchen auf kleinen Tellern anrichten und den Senf dazu servieren.

2. Nach Belieben mit Salzstangen dekorieren, dazu schmecken Öllisch (Zwiebeln) oder Gewürzgurken.

Info

Die Entstehungsgeschichten um die Namensgebung für den Kölschen Klassiker sind zahlreich. Ein Döneken besagt, der geizige Wilhelm Vierkötter aus Deutz habe im 19. Jahrhundert seinen Gästen statt des versprochenen halben Hähnchens ein Röggelchen als „halven Hahn“ vorgesetzt.

Frikadellen

Unsere Frikadellchen sin äschte Multitalente – die schmecken warm und kalt, natürlich mit Zwiebeln und Mostert! Auch aus der Hand.Mit Kartoffelsalat (siehe Seite 22/23) wird eine ganze Mahlzeit draus, Gürkchen nicht vergessen. Im Brötchen mit dem nötigen Equipment wird daraus ein leckerer Mecktünnes.

Für 4 Personen
ZUBEREITUNGSZEIT:
25 MINUTEN
+ 30 MINUTEN KÜHL- UND BACKZEIT

150 g Bulgur
300 ml heiße Gemüsebrühe (siehe Seite 13)
1 geh. TL Chia-Samen
1 Zwiebel
1 mittelgroße Karotte
1 Knoblauchzehe
1 EL Sojamehl
4 EL Paniermehl
1 EL gehackte glatte Petersilienblätter
1 EL scharfer Mostert
1 TL Korianderpulver
1 Msp. Muskatnuss
½ TL Majoran
Salz
schwarzer Pfeffer
Sonnenblumenöl zum Braten

1. Den Bulgur nach Packungsangabe in heißer Brühe aufquellen lassen. Wird er zu trocken, mehr Brühe zugeben. In einer kleinen Schüssel die Chia-Samen mit Wasser bedecken und 5 Minuten quellen lassen. Die Zwiebel schälen und fein hacken, die Karotte putzen und fein raspeln. In einer Schüssel den etwas abgekühlten Bulgur mit der Zwiebel und der Karotte vermischen. Die Knoblauchzehe schälen und dazupressen. Sojamehl, Paniermehl, Petersilie und die Chia-Samen zugeben und unterkneten. Den Teig kräftig mit Senf und den Gewürzen abschmecken und 10 Minuten in den Kühlschrank stellen. Währenddessen den Backofen auf 180 °C (Ober-/Unterhitze, 160 °C Umluft) vorheizen.

2. Aus dem Teig mit angefeuchteten Händen Frikadellchen formen. In einer Pfanne Sonnenblumenöl auf mittlerer bis hoher Stufe erhitzen. Die Frikadellchen auf jeder Seite gut 3 Minuten braten, mit einem Pfannenheber wenden. Auf einem mit Backpapier belegten Backblech im vorgeheizten Ofen auf mittlerer Schiene etwa 30 Minuten schön kross, aber nicht zu dunkel garen.

Kartoffelsalat

Wat mer all domet maache kann… ohne Kartoffeln ist die rheinische Küche undenkbar, aus Kartoffeln zaubert der Rheinländer einfach alles.

• • •

Für 4 Personen
ZUBEREITUNGSZEIT: 15 MINUTEN
+ 20 MINUTEN KOCHZEIT
+ ZEIT ZUM DURCHZIEHEN

800 g vorwiegend festkochende Kartoffeln
1 Zwiebel
300 ml heiße Gemüsebrühe (siehe Seite 13)
2 EL vegane Butter, zerlassen
100 g Soja-Speck
(alternativ vegane Cabanossi, siehe auch Tipp)
2 EL Rapsöl
2 EL Essig
Salz
schwarzer Pfeffer
1–2 EL Schnittlauchröllchen

1. Die Kartoffeln ungeschält in Salzwasser garen. Währenddessen die Zwiebel schälen und fein würfeln. In eine Schüssel füllen und mit der heißen Brühe übergießen, abgedeckt 10 Minuten ziehen lassen.

2. Die Kartoffeln abgießen, etwas abkühlen lassen und noch möglichst warm pellen. In dicke Scheiben schneiden und unter die Zwiebel-Brühe-Mischung heben. Die Butter darübergeben. Den Soja-Speck ebenfalls fein würfeln. In einer kleinen Pfanne das Öl bei mittlerer Temperatur erhitzen und den Speck darin knusprig anbraten, dann zu den Kartoffeln geben.

3. Mit dem restlichen Öl aus der Pfanne beträufeln, mit Essig und den Gewürzen abschmecken, gut durchziehen lassen. Die Schnittlauchröllchen darüberstreuen oder unterheben.

Tipp

Tempeh marinieren: 2–3 Scheiben in schmale Streifen schneiden und in einer Schüssel mit 2 EL Olivenöl, dann mit 1 EL Sojasauce möglichst überall beträufeln. 1 EL Olivenöl in einer Pfanne erhitzen, den Tempeh darin kross anbraten. Etwas Öl mit 1 Msp. Harissa (scharfe Chilipaste) mischen und während des Bratens unterrühren.

Ofenkartoffel mit Quark

Klatschkies met Quallmänner – so simpel, so lecker! Die zaubern sich fast von selbst und schmecken im Sommer wie im Winter.

Für 4 Personen
ZUBEREITUNGSZEIT:
10 MINUTEN
+ 30 MINUTEN BACKZEIT

4 große Kartoffeln
Salz
2–3 EL gehackte frische Kräuter
(krause Petersilie, Basilikum, Schnittlauch)
1 Zwiebel
500 g Sojaquark
1 Knoblauchzehe
Saft von ½ Bio-Zitrone
schwarzer Pfeffer

1. Die Kartoffeln in Salzwasser 10 Minuten vorkochen. Den Backofen auf 200 °C (Ober-/Unterhitze, 180 °C Umluft) vorheizen. Die Kartoffeln in Alufolie wickeln und im Ofen backen.

2. Während die Kartoffeln garen, den Quark zubereiten: Die Kräuter waschen, trocken schütteln und fein hacken, die Zwiebel schälen und ebenfalls fein hacken. Den Sojaquark cremig rühren und Kräuter sowie Zwiebel gleichmäßig unterrühren. Die Knoblauchzehe schälen und dazupressen, den Zitronensaft unterrühren. Mit Salz und Pfeffer würzig abschmecken.

3. Die Kartoffeln vorsichtig etwa zur Hälfte von der Alufolie befreien und oben der Länge nach einschneiden. Etwas öffnen und mit Quark füllen, es darf ruhig etwas überquellen.

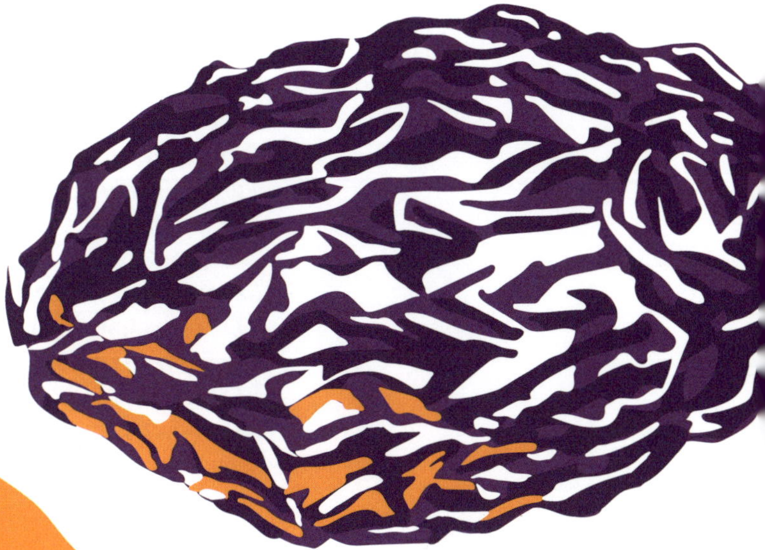

Tipp

Das Gericht kann auch mit Süßkartoffeln zubereitet werden. Dann entfällt die Zeit fürs Vorkochen und die Backzeit verringert sich auf etwa 25–30 Minuten. Den Sojaquark dann statt mit Kräutern und Zitrone mit fein gehackter roter Paprika, Pimentón de la Vera und 1 TL Rübensirup anmachen.

„Herings"stipp

Heringe für die rheinische Küche kamen einst von der Nordsee über den Rhein und wurden von hiesigen Fischhändlern direkt aus der Tonne verkauft. Die Nori-Algenflocken verleihen der Aubergine einen feinen Fischgeschmack und machen sie zu einem äußerst würdigen Stellvertreter.

Für 4 Personen
ZUBEREITUNGSZEIT:
25 MINUTEN
+ ZEIT ZUM DURCHZIEHEN

2 Auberginen
Salz
Rapsöl zum Braten
1 säuerlicher Apfel (Boskoop)
1 rote Zwiebel
4 große Gewürzgurken
300 g neutraler Sojajoghurt
200 g Seidentofu
Saft und abgeriebene Schale von ½ Bio-Zitrone
1 EL fein gehackte Dillspitzen
+ Dillspitzen zum Dekorieren
1 EL Nori-Algenflocken zum Abschmecken
(aus dem Asialaden)
schwarzer Pfeffer

1. Die Auberginen von ihren Enden befreien, dünn schälen und in dicke Scheiben schneiden. Die Scheiben auf einem mit Küchenpapier belegten Teller mit reichlich Salz bestreuen. Etwa 10 Minuten Wasser ziehen lassen und sorgfältig abtupfen.

2. Reichlich Öl in einer Pfanne bei mittlerer Temperatur erhitzen und die Scheiben darin auf jeder Seite etwa 3–4 Minuten anbraten. Die Auberginen sollten ruhig etwas Farbe bekommen, aber nicht zu weich werden.

3. Die Auberginenscheiben in große Rauten schneiden und in eine Schüssel geben. Den Apfel schälen, vierteln, vom Kerngehäuse befreien und fein würfeln. Die Zwiebel schälen und ebenfalls würfeln. Die Gurken längs in sehr dünne Scheiben, dann in feine Streifen schneiden. Sojajoghurt und Seidentofu in einer Schüssel miteinander cremig rühren.

4. Apfel, Zwiebel und Gurken unter die Sojajoghurtmischung heben. Mit Zitronenschale und -saft sowie Dill vermengen und alles mit Nori-Algenflocken, etwas Gurkensud, Salz und Pfeffer abschmecken. Die Auberginenscheiben damit anmachen, am besten über Nacht durchziehen lassen und mit Dill bestreut servieren.

Dazu schmeckt rheinisches Schwarzbrot.

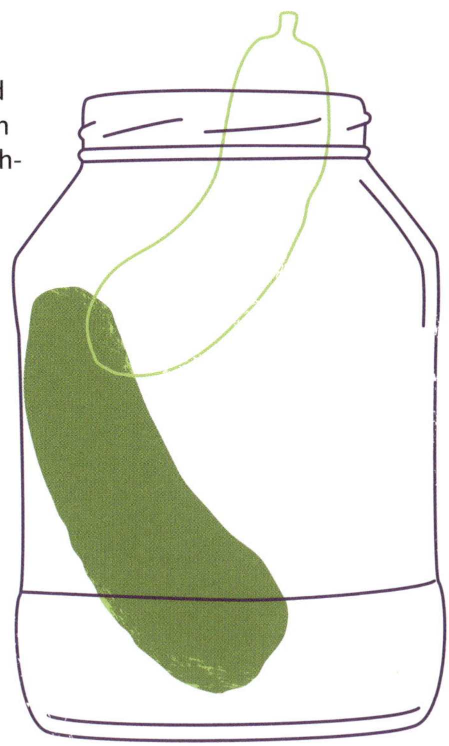

„Herings" kartoffeln

Rheinländer sind auch in der Küche wahre Künstler. In einem Topf (Döppe) entstehen aus einfachen Zutaten solche Köstlichkeiten wie unser Döppekooche met Feesch, die einstmals in schlechten Zeiten sogar den Weihnachtsbraten virtuos ersetzten.

Für 4 Personen

ZUBEREITUNGSZEIT: 15 MINUTEN + 50 MINUTEN KOCH- UND BRATZEIT + ZEIT ZUM DURCHZIEHEN

2–3 mittelgroße Auberginen
Salz
Rapsöl zum Braten
1 kg vorwiegend festkochende Kartoffeln
1 große rote Zwiebel
vegane Butter für die Form
Paniermehl zum Bestreuen

Für die Marinade

100 ml Gemüsebrühe
50 ml Kräuteressig
schwarzer Pfeffer
1 TL scharfer Mostert
1 Msp. gemahlener Piment
1 Msp. gemahlener Lorbeer
Nori-Algenflocken

Für die Béchamelsauce

150 g vegane Butter
4 EL Mehl
400 ml Haferdrink
geriebene Muskatnuss zum Abschmecken
Hefeflocken zum Abschmecken

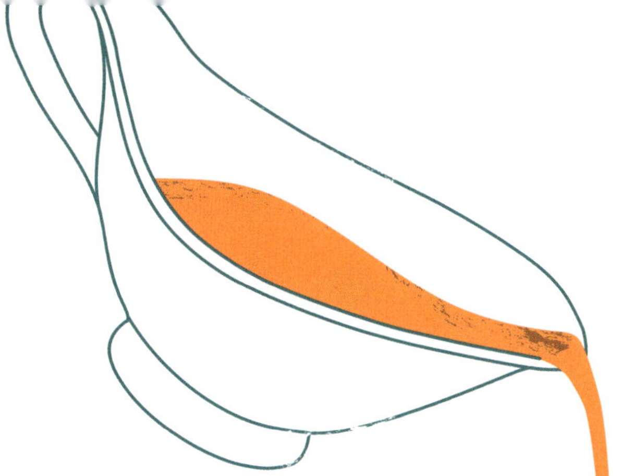

1. Die Auberginen von ihren Enden befreien, dünn schälen und in dicke Scheiben schneiden. Die Scheiben auf einem mit Küchenpapier belegten Teller reichlich mit Salz bestreuen. Etwa 10 Minuten Wasser ziehen lassen und sorgfältig abtupfen.

2. In einer Pfanne Öl, nicht zu knapp, bei mittlerer Temperatur erhitzen und die Scheiben darin auf jeder Seite etwa 3–4 Minuten anbraten. Die Auberginen sollten ruhig etwas Farbe nehmen, aber nicht zu weich werden.

3. Die Auberginenscheiben in eine flache Schale legen. Die Zutaten für die Marinade verrühren und die Auberginenscheiben damit übergießen. Abgedeckt mindestens 20–30 Minuten ziehen lassen – soll das Fischaroma intensiver werden, schon am Vorabend einlegen.

4. Währenddessen die Kartoffeln schälen und in Salzwasser garen. Abgießen, etwas abkühlen lassen und in Scheiben schneiden. Die Zwiebel schälen und in dünne Scheiben schneiden. Den Backofen auf 180 °C (Ober-/Unterhitze, 160 °C Umluft) vorheizen und eine Auflaufform mit der Butter einfetten. Kartoffeln, Auberginen (von der Marinade darf ruhig reichlich daran haften) und Zwiebel abwechselnd hineinschichten, die letzte Schicht sollte aus Kartoffelscheiben bestehen.

5. Für die Béchamelsauce in einem kleinen Topf die Butter bei mittlerer Temperatur zerlassen. Das Mehl dazusieben und darin anschwitzen. Den Haferdrink nach und nach unter Rühren angießen, bis eine cremige Mehlschwitze entsteht. Die Sauce mit Muskat und Hefeflocken abschmecken und über den Auflauf gießen, mit Paniermehl bestreuen. Im vorgeheizten Backofen auf der mittleren Schiene 25–30 Minuten goldbraun backen.

Dazu einen Gurkensalat servieren.

Buchweizenpfannkuchen

Rübensirup aus der rheinischen Zuckerrübe schmeckt nicht nur als Brotaufstrich, sondern süßt Nachspeisen, aromatisiert Saucen und Backwaren – er passt praktisch zu allen typisch rheinischen Gerichten. Je dunkler, desto malziger schmeckt er und ist für die vegane Ernährung unerlässlich.

• • •

Für 4 Personen
ZUBEREITUNGSZEIT:
10 MINUTEN
+ 20 MINUTEN QUELLZEIT
+ BACKZEIT

300 g Buchweizenmehl
1 geh. TL Backpulver
1 geh. TL Natron
400 ml neutraler Sojadrink
80 ml Sprudelwasser
2 EL dunkler Rübensirup
+ mehr zum Beträufeln
½ TL Kräutersalz
1 EL gehackte Kräuter nach Belieben
Nussöl zum Backen

1. Buchweizenmehl, Backpulver und Natron gleichmäßig in eine Schüssel sieben. Sojadrink, Sprudelwasser und Rübensirup miteinander verrühren, bis sich der Rübensirup aufgelöst hat. Mit Kräutersalz würzen und mit den trockenen Zutaten zu einem gleichmäßigen Teig verrühren. Den halbflüssigen Teig (eventuell mehr Sojadrink zugeben) 20 Minuten quellen lassen.

2. Die Kräuter unter den Teig ziehen. In einer Pfanne reichlich Öl bei mittlerer Temperatur erhitzen und kellenweise Teig hineingeben. Die Pfannkuchen nacheinander auf beiden Seiten goldbraun ausbacken, das dauert nur wenige Minuten. Fertige Pfannkuchen im auf 80 °C (Ober-/ Unterhitze, 60 °C Umluft) vorgeheizten Backofen warm halten.

Die Pfannkuchen zum Servieren nach Belieben mit mehr Rübenkraut beträufeln und einen grünen Salat dazu reichen.

„Speck" pfannkuchen

Rheinische Lebenserfahrung zeigt, dass sich manche Dinge von selbst erledigen oder durch Stehen- und Liegenlassen besser werden. Das gilt auch für Pfannkuchenteig, der durch das Quellen besonders fluffig wird.

Für 4 Personen

ZUBEREITUNGSZEIT: 5 MINUTEN + 20 MINUTEN QUELLZEIT + BACKZEIT

300 g Weizenmehl
1 geh. TL Backpulver
1 geh. TL Natron
400 ml neutraler Sojadrink
80 ml Sprudelwasser
100 g vegane Salami
(alternativ andere herzhafte Wurst)
Rapsöl zum Backen

1. Weizenmehl, Backpulver und Natron gleichmäßig in eine Schüssel sieben. Sojadrink und Sprudelwasser zunächst miteinander, dann mit den trockenen Zutaten verrühren. Den halbflüssigen Teig (eventuell etwas mehr Sojadrink zugeben) 20 Minuten quellen lassen.

2. In einer Pfanne reichlich Öl bei mittlerer Temperatur erhitzen und kellenweise Teig hineingeben. Die Pfannkuchen auf einer Seite 2 Minuten braten, dann die Salami auf die Oberfläche legen. Wenden und auf der anderen Seite goldbraun backen. So verfahren, bis der Teig aufgebraucht ist. Fertige Pfannkuchen im auf 80 °C (Ober-/Unterhitze, 60 °C Umluft) vorgeheizten Backofen warm halten.

Zu den Pfannkuchen schmeckt ein Endiviensalat, der nur mit Essig, Öl, Zitronensaft, Salz und Pfeffer angemacht wurde.

Veganer Moritz

In Anlehnung an den Strammen Max, der seinen Namen der Männern Kraft spendenden Wirkung zu verdanken haben soll, ist dieses Butterbrot entstanden. Das vegane Rührei schmeckt übrigens auch „einfach so" zum Frühstück.

Für 4 Personen

ZUBEREITUNGSZEIT: 10 MINUTEN

8 Scheiben knuspriges Roggenbrot
vegane Butter zum Bestreichen
16 Scheiben veganer Schinken
1 große Zwiebel
400 g Tofu
1–2 EL Seidentofu
1–1½ TL gemahlene Kurkuma
feines Meersalz
schwarzer Pfeffer
Sesamöl zum Braten
2 EL Schnittlauchröllchen

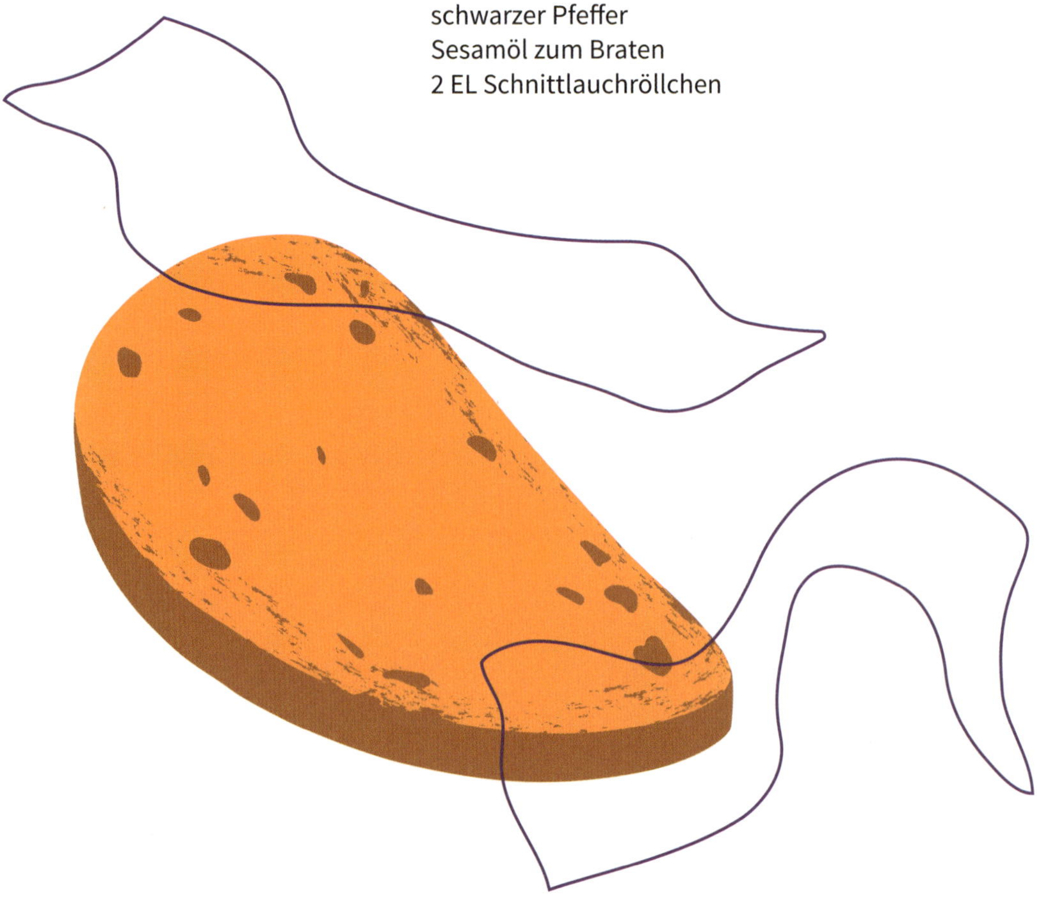

Tipp

Alternativ ein veganes Rührei-Fertigprodukt auf Sojabasis verwenden und nach Packungsangabe zubereiten. Eine Prise Kala Namak (schwarzes Salz) intensiviert den Eigeschmack.

1. Die Brotscheiben leicht toasten, dünn mit Butter bestreichen und jeweils zwei Brotscheiben auf einem Teller anrichten. Jede Brotscheibe mit jeweils 2 Scheiben veganem Schinken locker belegen. Die Zwiebel schälen und sehr fein würfeln.

2. Den Tofu würfeln, dann zerdrücken und verrühren, er sollte jedoch nicht zu cremig-glatt werden. Den Seidentofu ebenfalls zerdrücken und unterheben. Alles mit Kurkuma, Salz und Pfeffer abschmecken, die Mischung sollte eine schöne goldgelbe Farbe haben. In einer Pfanne das Sesamöl bei mittlerer Temperatur erhitzen und die Zwiebel darin glasig werden lassen. Die Tofumischung dazugeben, alles verrühren und die Temperatur erhöhen. Kurz unter Rühren, sanftem Zerdrücken und Wenden anbraten.

3. Das „Rührei“ auf die Brote verteilen und zum Servieren mit Schnittlauch bestreuen.

SUPPEN & EINTÖPFE

Diese Suppen löffeln wir gern aus!
Sie sind schnell gemacht und lassen es uns so richtig warm ums Herz werden.

Zwiebelsuppe

Ob die Zwiebelsuppe den französischen Einflüssen im Rheinland zu verdanken ist? Das sei dahingestellt. Jedenfalls ist dieses Süppchen eine feine, kleine Vorspeise oder mit Brot eine sättigende Mahlzeit.

Für 4 Personen
ZUBEREITUNGSZEIT: 20 MINUTEN

12 große Zwiebeln
120 g Räuchertofu
4 EL vegane Butter
200 ml kräftiger Weißwein
(alternativ 200 ml Gemüsebrühe zusätzlich)
800 ml Gemüsebrühe (siehe Seite 13)
2 Knoblauchzehen
1 EL Buchweizenmehl
Salz
schwarzer Pfeffer
gemahlener Majoran
Hefeflocken zum Bestreuen

1. Die Zwiebeln schälen und längs in feine Streifen schneiden, den Räuchertofu fein hacken. In einem Topf die Butter bei mittlerer Temperatur zerlassen, zunächst die Zwiebeln darin glasig werden lassen. Zum Schluss den Räuchertofu unterheben und kurz weiterbraten. Mit Weißwein und Brühe ablöschen. Den Knoblauch schälen und dazupressen und die Suppe 10 Minuten köcheln lassen.

2. Etwas Flüssigkeit von der Suppe abnehmen und mit dem Mehl glatt rühren, die Suppe damit etwas binden – wer die Suppe sämiger haben möchte, nimmt einen Esslöffel Mehl mehr. Mit den Gewürzen abschmecken, auf Suppentassen verteilen und sehr heiß mit Hefeflocken bestreut servieren.

Dazu schmeckt knuspriges Weißbrot.

Tipp

Das Weißbrot toasten und mit veganem Käse oder Hefeschmelz überbacken: in einer Pfanne aus 2 EL zerlassener veganer Margarine und 3 EL Mehl eine Mehlschwitze herstellen und diese mit 125 ml Sojasahne und 4 EL Hefeflocken mischen. Mit Senf, Salz und Pfeffer abschmecken.

Erbsensuppe

So wird sie schön sämig: eine große Tasse Suppe abnehmen, die Kartoffeln und Erbsen darin zerdrücken oder zerstampfen, dann wieder zur Suppe geben. Schmeckt natürlich auch ganz einfach, wie sie ist.

Für 4 Personen
ZUBEREITUNGSZEIT:
10 MINUTEN
+ 1 STUNDE 20 MIN. KOCHZEIT
+ EINWEICHZEIT

400 g grüne Erbsen
1,5 l Gemüsebrühe (siehe Seite 13)
1 große Zwiebel
5 vorwiegend festkochende Kartoffeln
2 Karotten
1 Stück Sellerieknolle
1 Stange Porree
½ TL getrockneter Majoran
1 Lorbeerblatt
4 vegane Wiener Würstchen
2 würzige vegane Salami
(alternativ vegane Chorizo)
1 EL scharfer Mostert (Senf, siehe Seite 14)
Salz
schwarzer Pfeffer
1 EL fein geschnittene glatte Petersilie

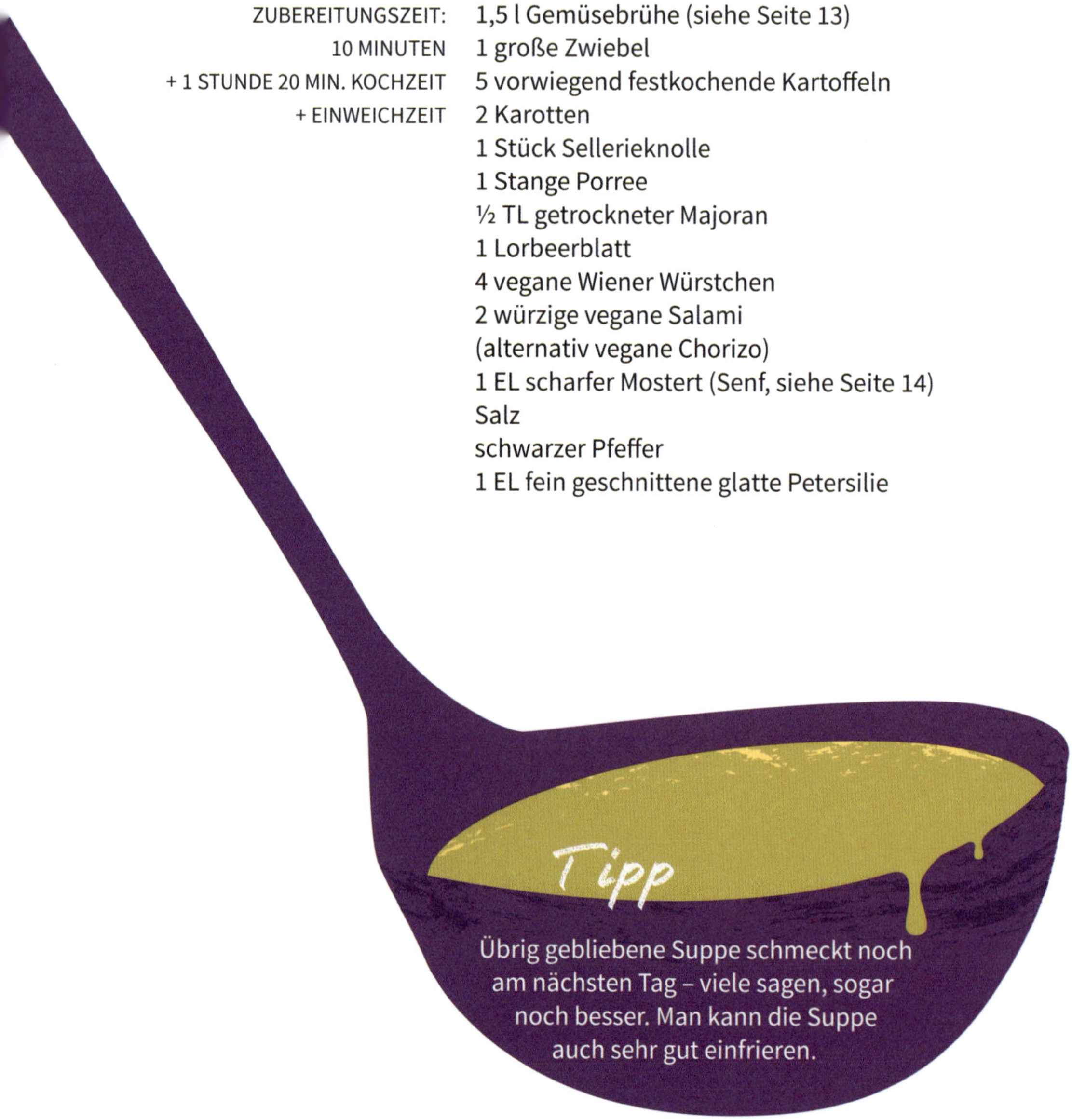

Tipp

Übrig gebliebene Suppe schmeckt noch am nächsten Tag – viele sagen, sogar noch besser. Man kann die Suppe auch sehr gut einfrieren.

1. Die Erbsen über Nacht in einem großen Topf mit reichlich Wasser bedeckt einweichen. Abgießen und mit der Gemüsebrühe zunächst bei mittlerer, dann bei niedriger Temperatur 1 gute Stunde oder bis die Erbsen gar sind kochen. Nehmen die Erbsen sehr viel Brühe auf, eventuell noch etwas nachgießen.

2. Währenddessen die Zwiebel schälen und fein hacken, die Kartoffeln schälen und würfeln. Das Gemüse putzen und ebenfalls würfeln, den Porree in feine Ringe schneiden. Alles zusammen mit Lorbeer und Majoran zur Suppe geben und 10 Minuten garen. Dann 5 Minuten bei reduzierter Temperatur weiterköcheln lassen – wird eine Eintopfkonsistenz gewünscht, noch weitere 5–10 Minuten ohne Deckel kochen.

3. Die veganen Wiener in dicke Scheiben schneiden, die Salami würfeln oder in sehr feine Scheiben schneiden und in die Suppe geben. Alles noch einmal kurz aufkochen lassen und vorsichtig mit Senf, Salz und Pfeffer abschmecken – die Wurst ist schon würzig! Kurz vor dem Servieren das Lorbeerblatt entnehmen und die Petersilie einrühren.

Grüne-Bohnen-Suppe

Bohnen und Buttermilch? Ja, schmeckt denn das? Die Antwort lautet: ja! Die traditionelle Variante der Grüne-Bohnen-Suppe ist die Buttermilch-bunnezupp. Veganer bereiten ihre Bohnensuppe ganz nach Gusto zu.

Für 4 Personen
ZUBEREITUNGSZEIT: 10 MINUTEN + 25 MINUTEN KOCH- UND BRATZEIT

700 g grüne Bohnen
2 EL vegane Butter
1,5 l kräftige Gemüsebrühe (siehe Seite 13)
500 g vorwiegend festkochende Kartoffeln
2 Stängel Bohnenkraut, fein gehackt
2 Nelken
2 Lorbeerblätter
Salz
grob gemahlener schwarzer Pfeffer
4 vegane Käsekrainer
Sonnenblumenöl zum Braten
100 g Seidentofu
100 ml neutraler Sojajoghurt
1 EL Zitronensaft

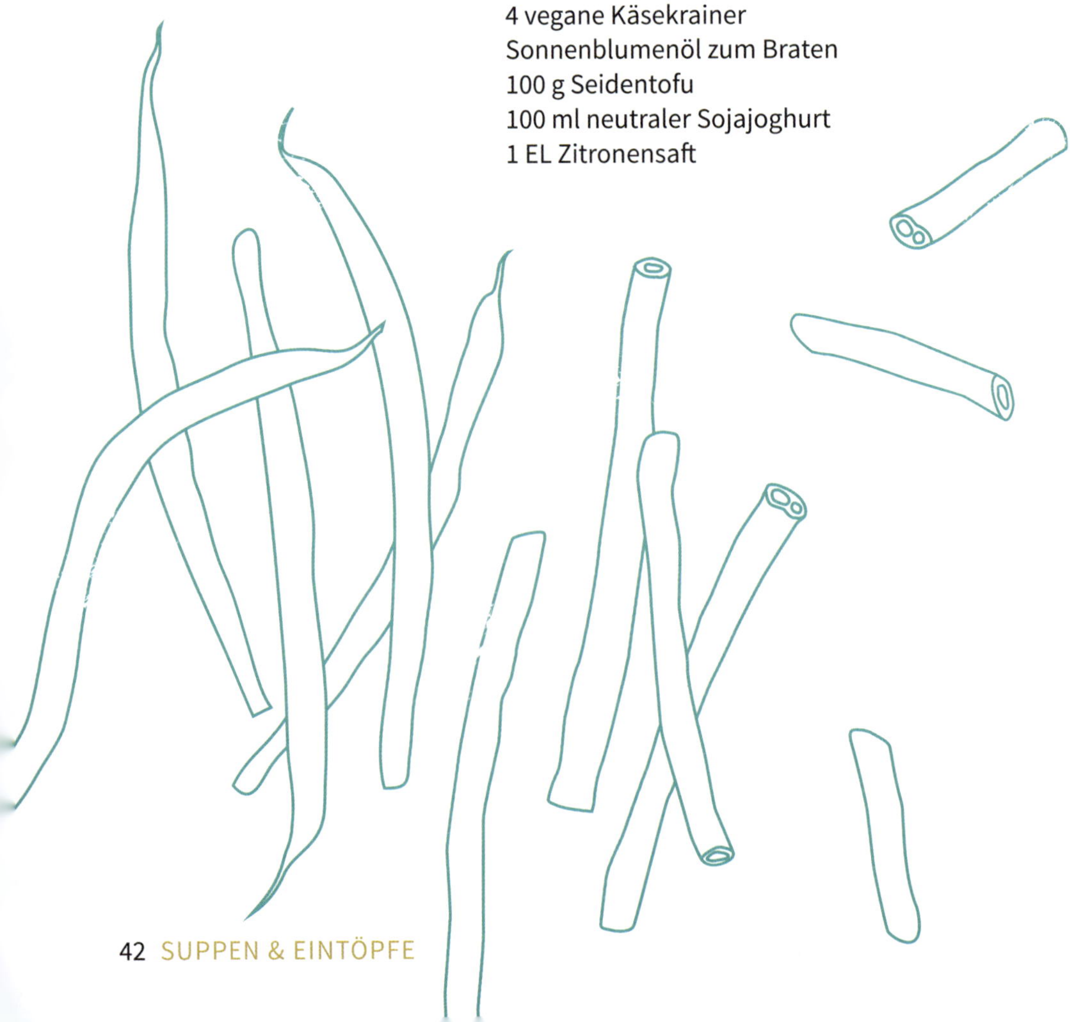

1. Die frischen grünen Bohnen putzen und schräg in Segmente schneiden. In einem Topf die Butter bei mittlerer Temperatur zerlassen und die Bohnen darin anbraten. Die Brühe angießen und alles aufkochen. Die Kartoffeln schälen, würfeln und dazugeben. 10 Minuten garen und das Bohnenkraut sowie die Gewürze dazugeben. Die Suppe nochmals 10 Minuten kochen, soll es eher ein Eintopf werden, weitere 5–10 Minuten ohne Deckel kochen.

2. Die Käsekrainer in dicke Scheiben oder in Würfel schneiden und in einer Pfanne bei hoher Temperatur kurz scharf anbraten. In den letzten 5 Minuten des Kochvorgangs zur Suppe geben. Nach Belieben vor dem Servieren cremig miteinander verrührten Seidentofu, Sojajoghurt und Zitrone einrühren.

Linseneintopf süß-sauer

Süß oder sauer? Im Rheinland gönnt man sich alles: natürlich süß und sauer. Da wird aus einem schlichten kräftigen Linseneintopf auch vegan ein Geschmackserlebnis.

• • •

Für 4 Personen
ZUBEREITUNGSZEIT:
10 MINUTEN
+ 45 MINUTEN KOCH- UND BRATZEIT

400 g Tellerlinsen
1,5 l leichte Gemüsebrühe
1 Lorbeerblatt, 5 Pfefferkörner,
3 gehackte Zweige Thymian
(in einem großen Teesieb oder verschlossenen Teebeutel)
1 Bund Suppengrün
5 vorwiegend festkochende Kartoffeln
3 EL Kräuteressig
2 EL mittelscharfer Senf
1 EL Rohrohrzucker
Salz
schwarzer Pfeffer
150 g Räuchertofu
Sonnenblumenöl zum Braten
4 vegane Wiener Würstchen

1. Die Tellerlinsen in einem Topf mit der Gemüsebrühe aufkochen. Den Gewürzbeutel zugeben und alles bei mittlerer Temperatur etwa 20 Minuten kochen, bis die Linsen bissfest, aber noch nicht weich sind. Währenddessen das Suppengrün putzen und würfeln, die Kartoffeln schälen und ebenfalls würfeln.

2. Das Suppengrün und die Kartoffeln zu den Linsen geben und alles nochmals 25 Minuten oder bis zur gewünschten Konsistenz (siehe Erbsensuppe Seite 40/41) bei mittlerer Temperatur kochen. Nehmen die Linsen sehr viel Brühe auf, eventuell noch mehr nachgießen.

3. Den Gewürzbeutel entnehmen und mit Essig, Senf, Zucker, Salz und eventuell mehr Pfeffer abschmecken. Den Räuchertofu fein hacken und in einer Pfanne in heißem Öl kurz scharf anbraten. Die Würstchen in Scheiben schneiden. Beides zur Suppe geben und noch einmal aufkochen.

Altbiersuppe

Die leckeren Biere aus dem Rheinland kann man nicht nur vorzüglich in einer der Traditionsbrauereien oder daheim aus der Flasche trinken, sondern auch gehaltvoll und vegan löffeln.

Für 4 Personen

ZUBEREITUNGSZEIT:
5 MINUTEN
+ 20 MINUTEN KOCHZEIT

1,2 l Altbier
1 EL dunkler Rübensirup
1 Zimtstange
2 EL vegane Butter
1 geh. EL Mehl
1 großer Apfel
2 Scheiben rheinisches Schwarzbrot
1 EL Korinthen nach Belieben
abgeriebene Schale von 1 Bio-Zitrone
1 Prise gemahlene Muskatnuss
1–2 EL Seidentofu nach Belieben

1. Das Bier mit dem Rübensirup und der Zimtstange langsam erhitzen, bis es sehr heiß ist, jedoch nicht kocht. Währenddessen die Butter in einem Pfännchen bei mittlerer Temperatur zerlassen und das Mehl darin unter Rühren anschwitzen. Die Zimtstange aus dem Bier nehmen und die Mehlschwitze zum Bier geben, gut umrühren.

2. Den Apfel schälen, vierteln, vom Kerngehäuse befreien und fein würfeln oder reiben, das Schwarzbrot grob zerkleinern und beides mit den Korinthen zur Suppe geben. Einige Minuten weiterköcheln lassen, dann mit der Zitronenschale und Muskat sowie mit Rübensirup nach Belieben abschmecken.

Nach Bedarf noch cremig gerührten Seidentofu hinzugeben.

Schwarzbrotsuppe mit Einlage

Was hat ein Rheinländer fern von zu Hause außer Heimweh? Heißhunger auf Schwarzbrot.

Für 4 Personen
ZUBEREITUNGSZEIT: 10 MINUTEN + 15 MINUTEN KOCHZEIT

1,5 l Gemüsebrühe
1 große Zwiebel
150 g veganer Räucherspeck
2–3 EL veganes Schmalz
+ mehr Schmalz für das Brot
Salz
schwarzer Pfeffer
4 vegane Wiener Würstchen
8–10 Scheiben rheinisches Schwarzbrot
2–3 EL fein geschnittene glatte Petersilie

1. In einem Topf die Gemüsebrühe bei mittlerer Temperatur aufkochen. Die Zwiebel schälen und fein hacken, den Räucherspeck würfeln. In einer Pfanne das Schmalz bei mittlerer Temperatur zerlassen und zunächst den Speck, dann auch die Zwiebel darin goldbraun braten und zur Brühe geben. Mit Salz und Pfeffer abschmecken. Die Wiener in der Brühe heiß werden lassen.

2. Die Brotscheiben so zerteilen, dass sie in die Pfanne passen und in Schmalz beidseitig kurz anrösten. Etwas abkühlen lassen und sehr grob in vier Teller bröckeln. Die Würstchen aus der Suppe nehmen, eventuell in größere Stücke schneiden und die Suppe über das Brot gießen. Die Würstchen in die Teller geben und alles mit der Petersilie bestreut servieren.

Tipp

Statt der Wiener vegane Bratwürstchen verwenden und vorher braten.

Graupensuppe

Graupen, das sind geschälte und polierte Weizen- oder Gerstenkörner, enthalten Kohlenhydrate, Eiweiß, Vitamine, Kalzium, Eisen und Magnesium. Sie sind hervorragend für Veganer geeignet, außerdem fettarm und leicht verdaulich. Das hat der Rheinländer immer schon gewusst.

Für 4 Personen

ZUBEREITUNGSZEIT: 10 MINUTEN + 35 MINUTEN KOCH- UND BRATZEIT

250 g Perlgraupen
1,5 l Gemüsebrühe (siehe Seite 13)
400 g grüne Bohnen
1 Stange Porree
2 Stängel Bohnenkraut
150 g Backpflaumen (soft)
½ Sellerieknolle
1 große Karotte
200 g Räuchertofu
Rapsöl zum Braten
Salz
schwarzer Pfeffer

1. Die Perlgraupen in der Gemüsebrühe 20 Minuten kochen. Währenddessen die Bohnen putzen und in Segmente schneiden, den Porree putzen und in feine Ringe zerteilen. Das Bohnenkraut waschen und trocken schütteln, große Pflaumen eventuell halbieren. Den Sellerie und die Karotte schälen und fein würfeln.

2. Den Räuchertofu in Scheiben schneiden. In einer Pfanne das Öl erhitzen und die Tofuscheiben darin bei hoher Temperatur von beiden Seiten kross anbraten. Aus der Pfanne nehmen, kurz abkühlen lassen und würfeln.

3. Bohnen, Porree, Sellerie, Karotte und Bohnenkraut zu den Graupen geben und 10 Minuten weiterkochen – soll es eher ein Eintopf werden, weitere 5–10 Minuten ohne Deckel kochen. Dann das Bohnenkraut entnehmen, Pflaumen und Tofu zugeben und 5 Minuten in der Suppe heiß werden lassen. Mit Salz und Pfeffer abschmecken und mit Roggenbrötchen servieren.

Tipp

Statt Räuchertofu schmecken würzige Seitanmedaillons in der Suppe oder geräucherter Tempeh, der gegen Ende der Garzeit in die Suppe gebröselt wird.

HAUPTGERICHTE & BEILAGEN

Handfest und herzhaft, aromen- und vitaminreich, so sind die Hauptgerichte der rheinisch-veganen Küche. Auf den Geschmack gekommen?
Da geht noch was: Verleihen Sie Ihrem Lieblingsgericht eine persönliche Note oder lassen Sie sich zu neuen kulinarischen Kreationen inspirieren.

Herzhafter Kartoffelauflauf

Das ist ja heiß: Für Freunde herzhafter Genüsse mit kräftigem Appetit kommt der opulente Kartoffelauflauf knusprig gebräunt aus dem Ofen.

Für 4 Personen
ZUBEREITUNGSZEIT:
15 MINUTEN
+ 45 MINUTEN BACKZEIT

1,2 kg vorwiegend festkochende Kartoffeln
3 Zwiebeln
vegane Margarine für die Form
150 g vegane Kochschinkenwürfel (Fertigprodukt oder siehe Seite 66/67)
3 EL Sojamehl
300 g Sojasahne
1 TL Hefeflocken
1 TL Kurkuma
Salz
schwarzer Pfeffer
8 dünne Scheiben veganer Räucherschinken zum Belegen
Semmelbrösel zum Bestreuen

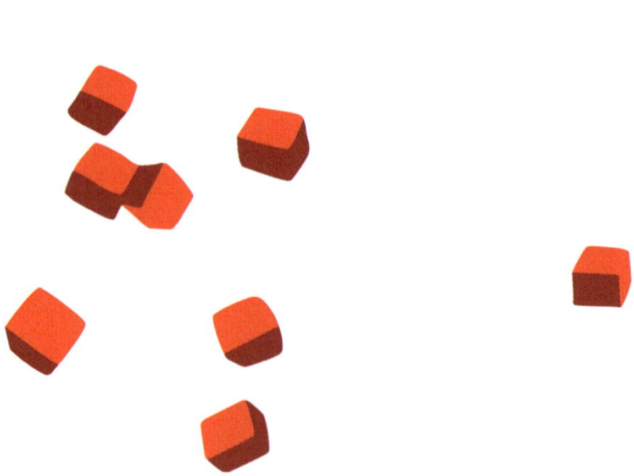

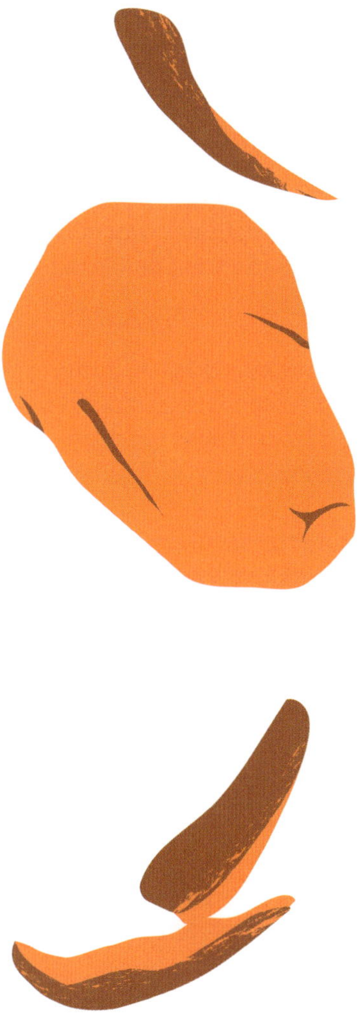

1. Den Backofen auf 220 °C (Ober-/Unterhitze, 200 °C Umluft) vorheizen. Die Kartoffeln schälen und fein reiben. In einem Sieb abtropfen lassen und die Kartoffeln gut ausdrücken, die Flüssigkeit dabei auffangen und beiseitestellen, bis sich die Stärke in einer weißen Schicht auf dem Boden abgesetzt hat – das dauert etwa 10 Minuten. Dann das meiste vom klaren Wasser abgießen.

2. Die Zwiebeln schälen und fein würfeln. Eine Auflaufform mit Margarine einfetten. Kartoffeln, Zwiebeln, vegane Schinkenwürfel, Kartoffelstärke und das Sojamehl miteinander vermengen. Sojasahne, Hefeflocken und Kurkuma miteinander verquirlen und großzügig würzen, unter den Kartoffelteig heben und den Teig in die Auflaufform füllen. Mit den Schinkenscheiben belegen und mit Semmelbröseln bestreut im vorgeheizten Backofen auf der mittleren Schiene in 45 Minuten goldbraun backen, bei Bedarf mit Alufolie abdecken.

Pottschlot

Ein Alltagsgericht für alle Fälle: „Pott" ist der Topf und „Schlot" der Salat, die Zubereitung ist so einfach, wie sie klingt, und das Ergebnis stößt auf breiteste Zustimmung.

Für 4 Personen
ZUBEREITUNGSZEIT: 10 MINUTEN + 25 MINUTEN KOCH- UND BACKZEIT

300 g Kartoffeln
Salz
1 kleiner Kopf Endiviensalat
2–3 EL Apfelessig
120 ml lauwarmer Sojadrink
1 Stück vegane Butter
frisch geriebene Muskatnuss
schwarzer Pfeffer
Pflanzenöl zum Braten
4 vegane Bratwürstchen

1. Die Kartoffeln schälen und in Salzwasser garen. Währenddessen den Endiviensalat waschen, trocken schütteln und zerpflücken. Mit Apfelessig und wenig Salz abschmecken.

2. Die Kartoffeln abgießen und mit Milch, Butter und Muskatnuss zu einem feinen Püree stampfen. Den Salat locker unterheben und alles mit reichlich Salz und Pfeffer abschmecken.

3. In einer Pfanne wenig Pflanzenöl erhitzen und die Bratwürstchen darin rundum knusprig anbraten, auf Tellern zum Pottschlot anrichten.

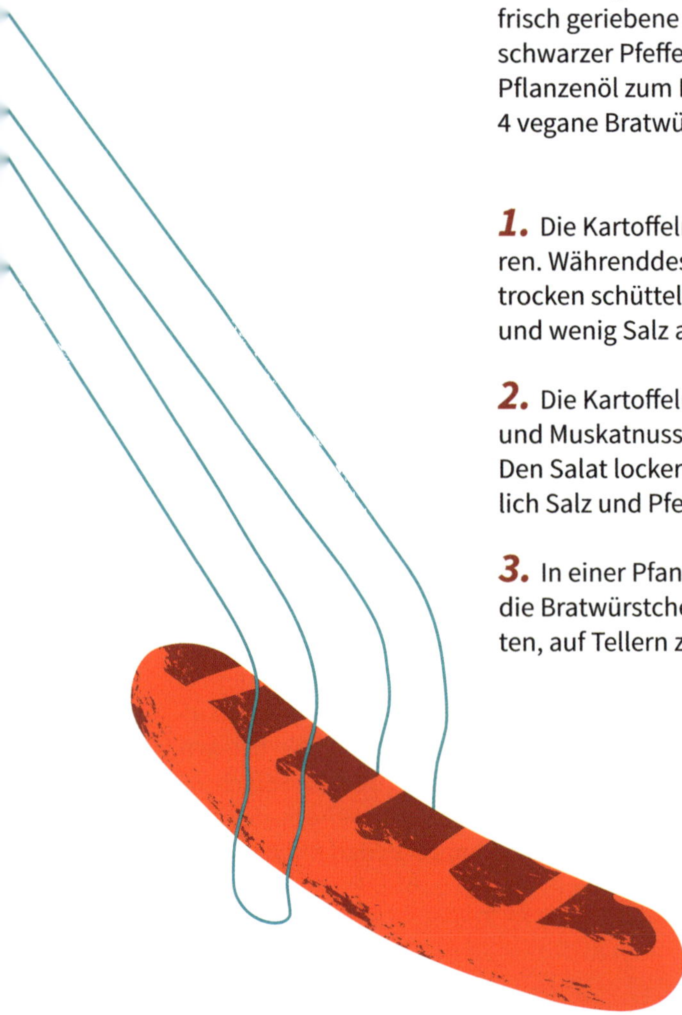

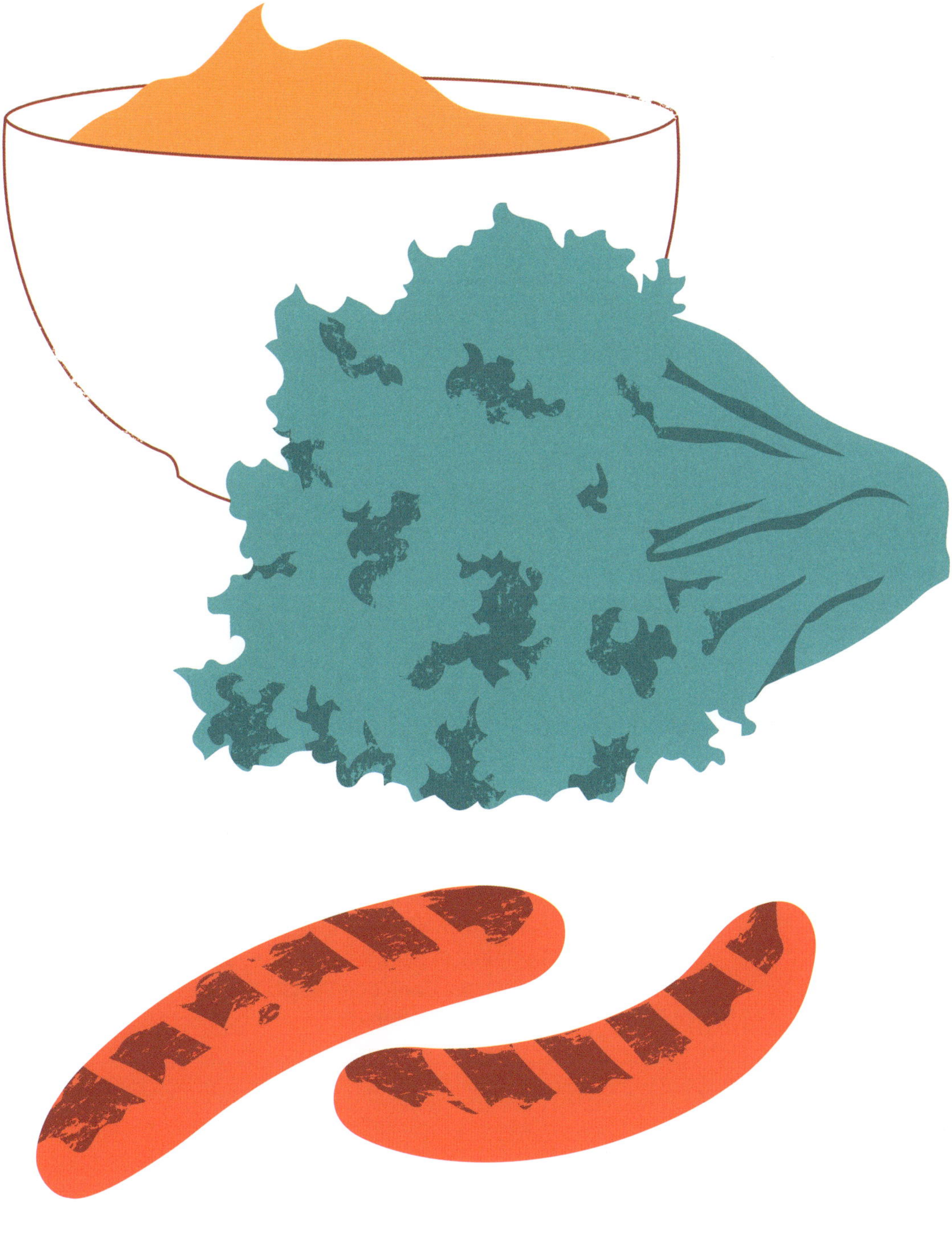

Dicke Bohnen

Versprochen: Das wird ein Leibgericht! Wer sich die Mühe macht und die Hüllen der gekochten Bohnen entfernt, genießt ein unglaublich zartes Gemüse mit feinstem Aroma. So haben wir die Bohne noch nicht erlebt.

• • •

Für 4 Personen
ZUBEREITUNGSZEIT:
25 MINUTEN
+ 15 MINUTEN KOCH- UND BACKZEIT

1,5 kg Dicke Bohnen
2 Stängel Bohnenkraut
+ etwas fein gehacktes Bohnenkraut
Salz
1 große Zwiebel
250 g veganer Räucherspeck (siehe Tipp)
1–2 EL Apfel-Zwiebel-Schmalz
3 EL Sojasahne
2 EL Mehl
Salz
schwarzer Pfeffer
gemahlener Koriander
1 Spritzer Zitronensaft

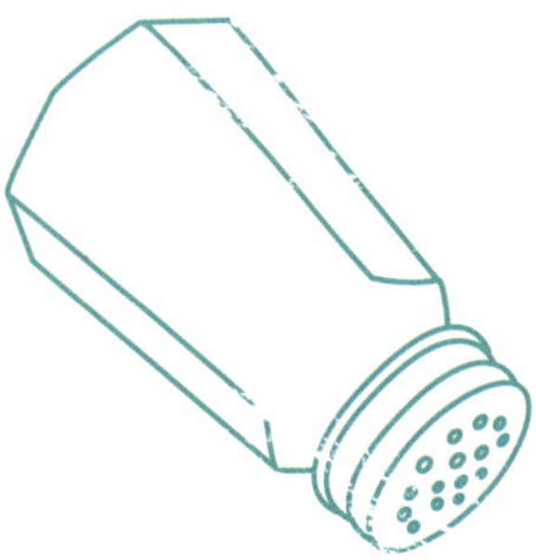

1. Die Bohnen palen und das Bohnenkraut waschen. Die Bohnen in einem Topf mit Salzwasser bedecken und mit dem Bohnenkraut bei mittlerer Temperatur 15 Minuten garen.

2. Währenddessen die Zwiebel schälen und fein würfeln, den Räucherspeck ebenfalls fein würfeln. In einer kleinen Pfanne den Speck bei hoher Temperatur kross anbraten, aus der Pfanne nehmen. In der Pfanne das Schmalz bei mittlerer Temperatur zerlassen und die Zwiebel darin anschwitzen, dann den Speck wieder zugeben und alles warm halten.

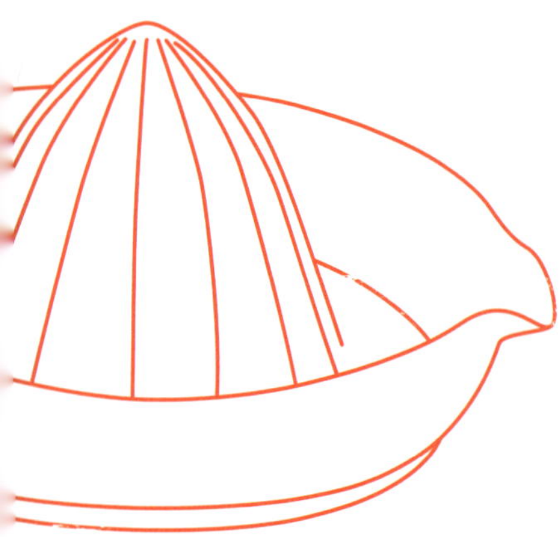

3. Die Bohnen abgießen, palen und die Bohnenkrautstängel fein hacken. Dabei ein kleines Glas vom Kochwasser auffangen und mit dem Mehl zu einer cremigen Sauce verquirlen. Bohnen, Pfanneninhalt und Sauce gründlich vermengen. Mit den Gewürzen, dem gehackten Bohnenkraut und dem Zitronensaft abschmecken.

Dazu schmecken Kümmelkartoffeln ***(siehe Seite 84/85).***

Tipp

Marinade für Tempeh „wie Speck/Räucherspeck“:
4 dicke Scheiben Tempeh 12 Stunden in einer Marinade aus 2 EL Sojasauce, 3 EL Olivenöl, 1 TL Rotweinessig, 1 TL dunklem Rübensirup, 1 TL scharfe rote Chilipaste, je 1–2 geh. TL Salz und Pfeffer einlegen, dann abtupfen und weiterverarbeiten. Für ***Räucherspeck*** Rauchsalz verwenden und/oder einige Tropfen Liquid Smoke zugeben.

Für Einsteiger: ein Stückchen Tempeh als Probe zugeben und nach einigen Stunden abschmecken, ob nach persönlichem Geschmack nachgewürzt werden sollte. Mit der Zeit entwickelt man beim Marinieren Fingerspitzengefühl!

„Kölscher Kaviar"

Rheinische Blutwurst ist einzigartig und – eigentlich – weder zu ersetzen noch zu imitieren. So viele Geschmäcker, so viele Rezepte zum Selbermachen, da hat jeder so seine Vorlieben. Wir stellen eine Variante vor – ein wenig experimentieren müssen Sie selbst. Manchmal kommt man dem Original seeeehr nahe …

• • •

Für 4 Personen
ZUBEREITUNGSZEIT: 10 MINUTEN

600 g vegane Blutwurst/Flönz
(aus dem Internethandel oder siehe Tipp)
2 große Zwiebeln
4 größere Gewürzgurken
4 Roggenbrötchen
vegane Butter zum Bestreichen
scharfer Mostert
(Senf, Fertigprodukt oder siehe Seite 14)

1. Die Blutwurst häuten, in dicke Scheiben schneiden und mittelfein würfeln. Die Zwiebeln schälen und in feine Ringe schneiden. Die Gurken in sehr dünne Scheiben schneiden. Die Roggenbrötchen halbieren und mit Butter bestreichen.

2. Alles miteinander auf Tellern anrichten und jeweils reichlich Mostert dazugeben.

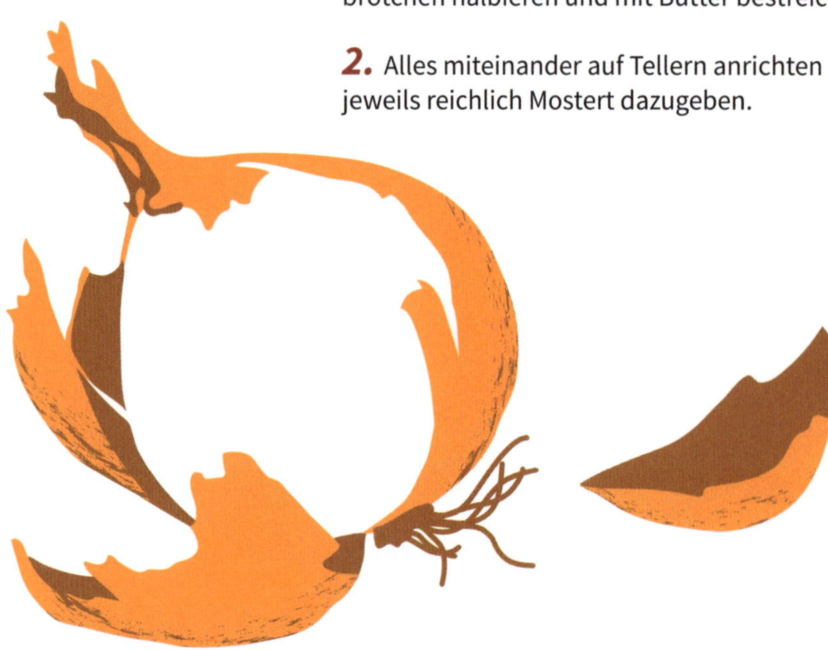

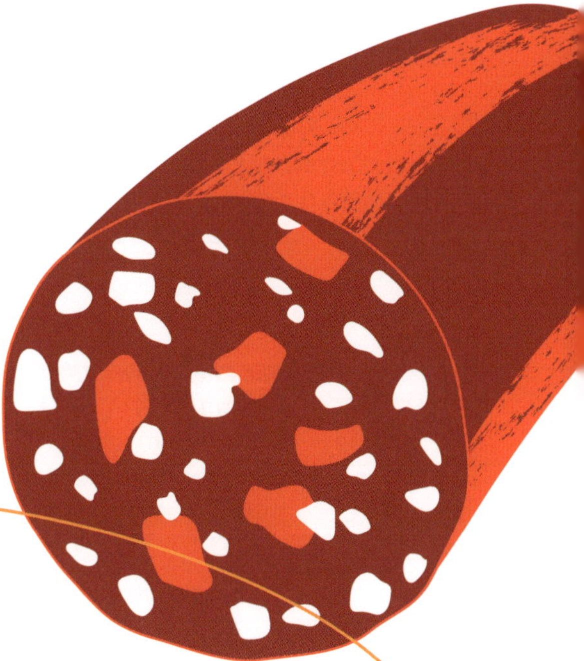

Tipp

Blutwurst selbst gemacht – eine von vielen Hausmacher-Varianten :

200 g schwarze oder rote Bohnen aus der Dose mit ½ gegarten Roten Bete pürieren. Mit 1 gewürfelten Roten Bete, 1 gewürfelten und gedünsteten Zwiebel, 1 EL Tomatenmark, 3 EL Buchweizenmehl, 2 Scheiben gewürfeltem veganen Speck (siehe Seite 58/59) sowie je 1 TL gemahlenem Majoran, Thymian, Zimt, Nelken und schwarzem Pfeffer mischen. 3 EL zerlassenes veganes Apfel-Zwiebel-Schmalz (siehe Seite 15) untermengen. Die Masse zu einer festen Wurst rollen, eventuell mehr Mehl zugeben, und über Nacht kalt stellen. Bei der Verarbeitung Handschuhe tragen, die Rote Bete färbt. Zum Anbraten mehlieren und nur ganz kurz braten, damit die Veggie-Blutwurst nicht zerfällt.

Himmel un Ääd

So gehört sich das: Unser Himmel (Äpfel) un Ääd (Kartoffeln) – also Kartoffelpüree und Apfelkompott – werden auf dem Teller gemischt. Noch nie gemacht? Probieren! Das Apfelkompott bereiten wir hier weniger süß zu als Apfelkompott zum Nachtisch.

Für 4 Personen

ZUBEREITUNGSZEIT: 20 MINUTEN + 25 MINUTEN KOCH- UND BACKZEIT

700 g mehlig kochende Kartoffeln
Salz
4 große säuerliche Äpfel (zum Beispiel Boskoop)
150 ml naturtrüber Apfelsaft
1–2 EL heller Rübensirup
4 Zwiebeln
Buchweizenmehl zum Mehlieren
Sesamöl zum Braten
600 g vegane Blutwurst/Flönz
(siehe Seite 61)
2 EL vegane Butter
100–200 ml Hafersahne
½ TL geriebene Muskatnuss

1. Die Kartoffeln schälen und in Salzwasser garen. Die Äpfel schälen, vierteln, von den Kerngehäusen befreien und würfeln. In einem Topf mit dem Apfelsaft bei hoher Temperatur aufkochen, dann die Temperatur reduzieren und die Äpfel musig-stückig kochen. Eventuell mit dem Kartoffelstampfer zerdrücken und mit Rübensirup nach Belieben süßen.

2. Die Zwiebeln schälen und in nicht zu dicke Scheiben schneiden. Das Mehl auf einen Teller geben und die Zwiebelringe darin mehlieren. In einer Pfanne reichlich Sesamöl bei mittlerer bis hoher Temperatur erhitzen und die Zwiebelringe darin kross ausbacken, auf Küchenpapier abtropfen lassen.

3. Die vegane Blutwurst in dicke Scheiben schneiden und mehlieren. In der Pfanne reichlich Sesamöl bei mittlerer Temperatur erhitzen und die Scheiben darin auf beiden Seiten kurz und kross braten – dabei vorsichtig mit einem Pfannenheber wenden, die Scheiben sollten so wenig wie möglich zerfallen. Die Kartoffeln abgießen und mit Butter, Hafersahne und Muskatnuss zerstampfen.

4. Himmel un Ääd auf Tellern anrichten, die Zwiebelringe daraufgeben und Flönzscheiben anlegen.

Döppekooche

Döppekooche oder Knüles wurde früher oft statt einer Gans an Sankt Martin am 11. November verspeist – wenn man keine hatte. Die Zutaten sind fast die gleichen wie beim Kartoffelauflauf, aber: Durch die lange Garzeit ist der Döppekooche innen superweich, oben superknusprig und schmeckt wieder ein wenig anders.

• • •

Für 4 Personen
ZUBEREITUNGSZEIT:
15 MINUTEN
+ 2 STUNDEN BACKZEIT

- 1,2 kg vorwiegend festkochende Kartoffeln
- 2 große Zwiebeln
- 300 g veganer Räucherspeck oder veganer roher Schinken (siehe Seite 58/59)
- 300 g Sojasahne
- 2 EL Sojamehl
- 1 TL gemahlene Kurkuma
- Hefeflocken nach Belieben
- Salz
- schwarzer Pfeffer
- geriebene Muskatnuss
- vegane Margarine für die Form

1. Den Backofen auf 160 °C (Ober-/Unterhitze, 140 °C Umluft) vorheizen. Die Kartoffeln schälen und reiben. In einem Sieb abtropfen lassen und gut ausdrücken. Beiseitestellen, bis sich die Stärke abgesetzt hat, dann das meiste von dem klaren Kartoffelwasser abgießen.

2. Die Zwiebeln schälen und ebenfalls reiben, den Speck in möglichst dünne Scheiben schneiden. Kartoffeln, Zwiebeln und 1–2 EL von der Stärke gut miteinander vermengen. Sojasahne, Sojamehl, Kurkuma und Hefeflocken mischen. Mit reichlich Gewürzen verquirlen und unter die Kartoffel-Zwiebel-Masse heben. Eine Auflaufform einfetten und abwechselnd Speckscheiben und Kartoffelmischung einschichten, mit Kartoffeln enden.

3. Den Döppekooche im vorgeheizten Ofen auf der mittleren Schiene 1½–2 Stunden backen, bis er an der Oberfläche richtig kross geworden ist. Eventuell zwischendurch die Temperatur etwas reduzieren und den Kuchen abdecken.

Dazu werden Apfelmus (siehe Seite 62/63) oder ein grüner Salat serviert.

Sauerkraut mit Kartoffelpüree und Kasseler

Wenn es draußen „usselig“ wird, dann wärmt man sich am besten von innen: Das klappt mit diesem Gericht, übrigens mit reichlich Vitamin C im Kappes, ganz hervorragend. Schmeckt aber auch zu jeder anderen Jahreszeit und bei gutem Wetter.

• • •

Für 4 Personen

ZUBEREITUNGSZEIT: 15 MINUTEN + 30 MINUTEN KOCH- UND BACKZEIT

Für das Sauerkraut

2 EL Schmalz (siehe Seite 15)
1 Zwiebel, fein gewürfelt
1 kg Sauerkraut
150 ml Gemüsebrühe (siehe Seite 13)
4 Wacholderbeeren
3 Lorbeerblätter
1 TL Kümmelsaat
Salz
schwarzer Pfeffer
Rübensirup zum Abschmecken

Für das Kartoffelpüree

700 g mehlig kochende Kartoffeln
Salz
2 EL vegane Butter
100–200 ml neutraler Sojadrink
½ TL geriebene Muskatnuss

vegane Butter zum Braten
4 dicke Scheiben veganes Kasseler (Fertigprodukt oder siehe Tipp)
Mostert (Senf, Fertigprodukt oder siehe Seite 14) zum Servieren

1. In einem großen Topf das Schmalz bei mittlerer Temperatur zerlassen, darin die Zwiebel anschwitzen. Das Sauerkraut aufgelockert dazugeben und unter Wenden etwas anbraten. Die Gemüsebrühe angießen und alles mit Wacholder, Lorbeer und Kümmel 30 Minuten köcheln. Mit Salz, Pfeffer und Rübensirup abschmecken.

2. Die Kartoffeln schälen und in Salzwasser kochen. Abgießen und mit Butter, Sojadrink und Muskatnuss cremig stampfen, kurz warm halten. In einer schweren Pfanne die Butter bei mittlerer bis hoher Temperatur zerlassen und die Kasselerscheiben darin auf beiden Seiten anbraten. Sauerkraut, Kartoffelpüree und Kasseler auf Tellern anrichten und Senf dazu reichen.

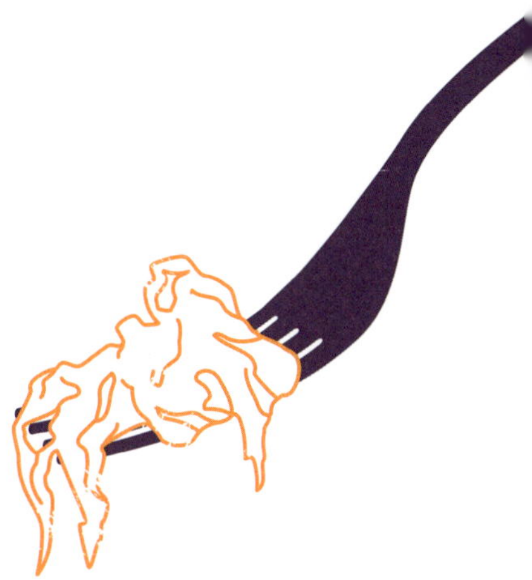

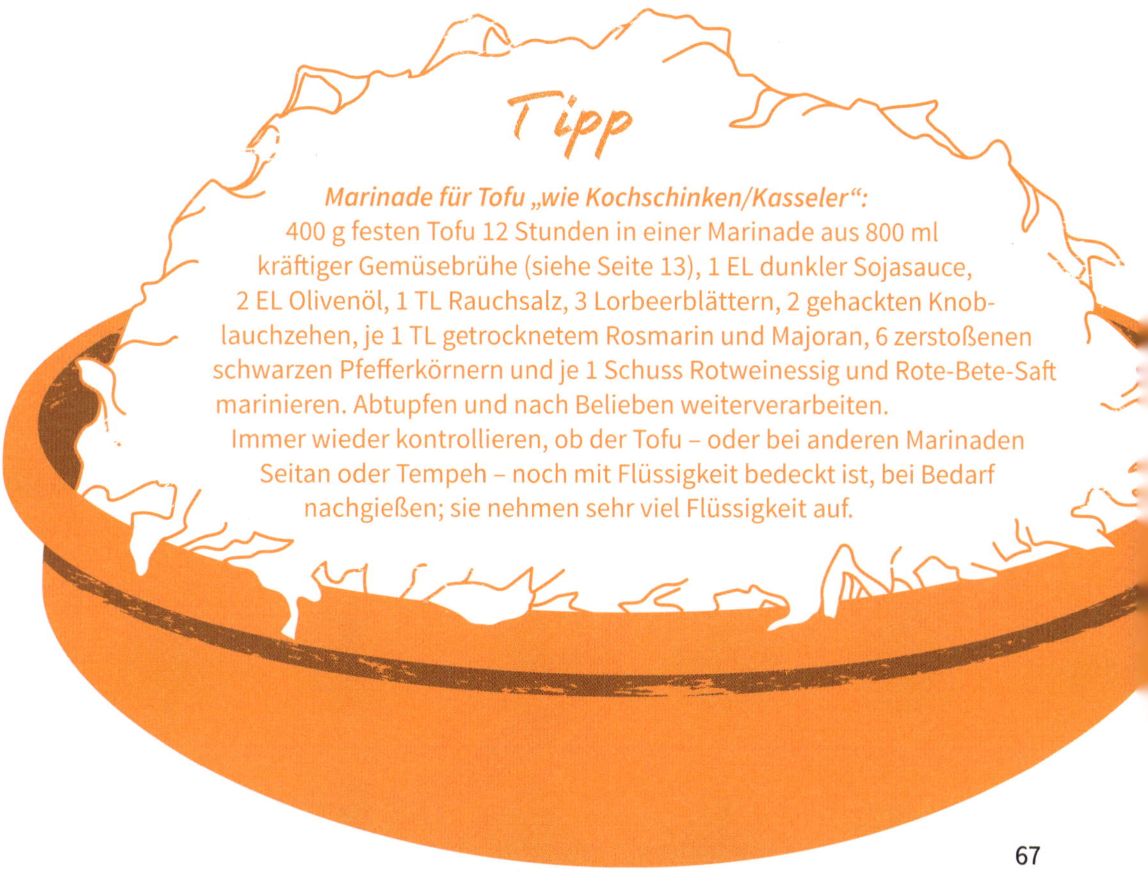

Tipp

Marinade für Tofu „wie Kochschinken/Kasseler“:
400 g festen Tofu 12 Stunden in einer Marinade aus 800 ml kräftiger Gemüsebrühe (siehe Seite 13), 1 EL dunkler Sojasauce, 2 EL Olivenöl, 1 TL Rauchsalz, 3 Lorbeerblättern, 2 gehackten Knoblauchzehen, je 1 TL getrocknetem Rosmarin und Majoran, 6 zerstoßenen schwarzen Pfefferkörnern und je 1 Schuss Rotweinessig und Rote-Bete-Saft marinieren. Abtupfen und nach Belieben weiterverarbeiten.
Immer wieder kontrollieren, ob der Tofu – oder bei anderen Marinaden Seitan oder Tempeh – noch mit Flüssigkeit bedeckt ist, bei Bedarf nachgießen; sie nehmen sehr viel Flüssigkeit auf.

Rotkohl

Hier kommt er, der ideale Begleiter zu vielen rheinischen Gerichten und das Gute daran: Man kann ihn auf Vorrat zubereiten und einfach einfrieren.

Für 4 Personen

ZUBEREITUNGSZEIT: 10 MINUTEN + 50 MINUTEN KOCHZEIT

1 großer Rotkohl (etwa 800 g–1 kg)
1 Zwiebel
2 Äpfel (Boskoop)
2 EL Zwiebel-Apfel-Schmalz (siehe Seite 15)
3–4 EL Rotweinessig
150 ml naturtrüber Apfelsaft
2 Lorbeerblätter
5 Nelken
Salz
schwarzer Pfeffer
Rohrohrzucker
2–3 EL Johannisbeergelee (ohne Gelatine!)
150 ml Rotwein

1. Den Rotkohl halbieren, vom Strunk befreien und in feine Streifen schneiden. Die Zwiebel schälen und fein würfeln. Die Äpfel schälen, vierteln, von den Kerngehäusen befreien und ebenfalls fein würfeln.

2. In einem größeren Topf das Schmalz bei mittlerer Temperatur zerlassen, die Zwiebel darin anschwitzen. Rotkohl und Äpfel dazugeben und alles gut vermengen. Die Temperatur erhöhen und den Kohl etwas anbraten. Mit dem Rotweinessig und Apfelsaft ablöschen und Lorbeer und Nelken zugeben. Abgedeckt bei niedriger Temperatur 45 Minuten köcheln lassen, bis der Rotkohl gar ist. Eventuell Apfelsaft nachgießen.

3. Lorbeerblätter und Nelken entnehmen. Mit Gewürzen, Gelee und Rotwein abschmecken.

Dazu schmecken Kümmelkartoffeln (siehe Seite 84/85) und vegane Bratwurst.

Reibekuchen

Gibt es ein veganeres Gericht als dieses ur-rheinische Kartoffelgericht? Es schmeckt immer, sucht sich wechselnde schmackhafte Begleiter von Apfelkompott über Kräuterquark bis Rübensirup und ist schlichtweg zeitlos.

Für 4 Personen
ZUBEREITUNGSZEIT:
30 MINUTEN + BRATZEIT

1 kg vorwiegend festkochende Kartoffeln
1 Zwiebel
1 große oder 2 kleine Karotten
5 EL Sojadrink
3 geh. EL Sojamehl
Salz
schwarzer Pfeffer
1 Prise geriebene Muskatnuss
reichlich Bio-Kokosfett zum Braten

1. Den Backofen auf 80 °C vorheizen. Das Reiben der Kartoffeln nimmt etwas Zeit in Anspruch, also nicht zu spät mit der Zubereitung beginnen. Die Kartoffeln schälen und fein reiben, in eine Schüssel füllen. Die Kartoffelschnitze gut ausdrücken. Die Zwiebel schälen und fein hacken, die Karotte putzen und fein reiben.

2. Sojadrink und Sojamehl miteinander verquirlen. Kartoffeln, Zwiebel, Karotten, Mischung aus Sojadrink und Sojamehl, Salz und Pfeffer mit den Händen zu einem festen Pufferteig verkneten – dabei noch etwas überschüssige Flüssigkeit herausdrücken. In einer großen Pfanne mit hohem Rand reichlich Fett zunächst bei hoher, dann bei mittlerer Temperatur erhitzen, die Reibekuchen sollen beinahe „schwimmen“.

3. Reibekuchen formen und nach und nach im heißen Fett auf jeder Seite etwa 3 Minuten knusprig (!!!) braten, dabei leicht mit einem Pfannenwender andrücken. Die Ränder dürfen ruhig ein wenig fransig aussehen. Die fertigen Reibekuchen auf einen ofenfesten Teller legen und im vorgeheizten Backofen bis zum Servieren warm halten. Dazu schmeckt Apfelmus (siehe Seite 62/63).

Tipp

Statt der Mischung aus Sojadrink und Sojamehl kann man auch Kartoffelstärke (siehe Seite 55) oder Eiersatzpulver verwenden, damit der Teig schön bindet. Gut schmeckt auch, eine Hälfte der Kartoffeln grob, die andere fein zu reiben.

Sauerbraten rheinische Art

Die Marinade ist das A und O des guten Geschmacks beim veganen Sauerbraten. Der zergeht auf der Zunge und das Sößchen umschmeichelt den Gaumen.

• • •

Für 4 Personen
ZUBEREITUNGSZEIT:
25 MINUTEN
+ 40 MINUTEN KOCH- UND
BRATZEIT + MARINIERZEIT

800 g hausgemachter Seitan (siehe Seite 12)
Pflanzenöl zum Braten
2 mittelgroße Gewürzprinten (ca. 50 g)
4–5 EL Sojasahne
Sojamehl zum Binden
100 g Rosinen
1 EL dunkler Rübensirup
Salz, schwarzer Pfeffer und
Rohrohrzucker zum Abschmecken

Für die Marinade
Pflanzenöl zum Braten
1 Zwiebel, fein gewürfelt
2 Karotten, fein gewürfelt
2 Knoblauchzehen, fein gewürfelt
400 ml kräftige Gemüsebrühe (siehe Seite 13)
150 ml Weinessig + mehr zum Abschmecken
200 ml trockener Rotwein
4 Lorbeerblätter
6 Pfefferkörner, zerstoßen
4 Wacholderbeeren
Salz
schwarzer Pfeffer

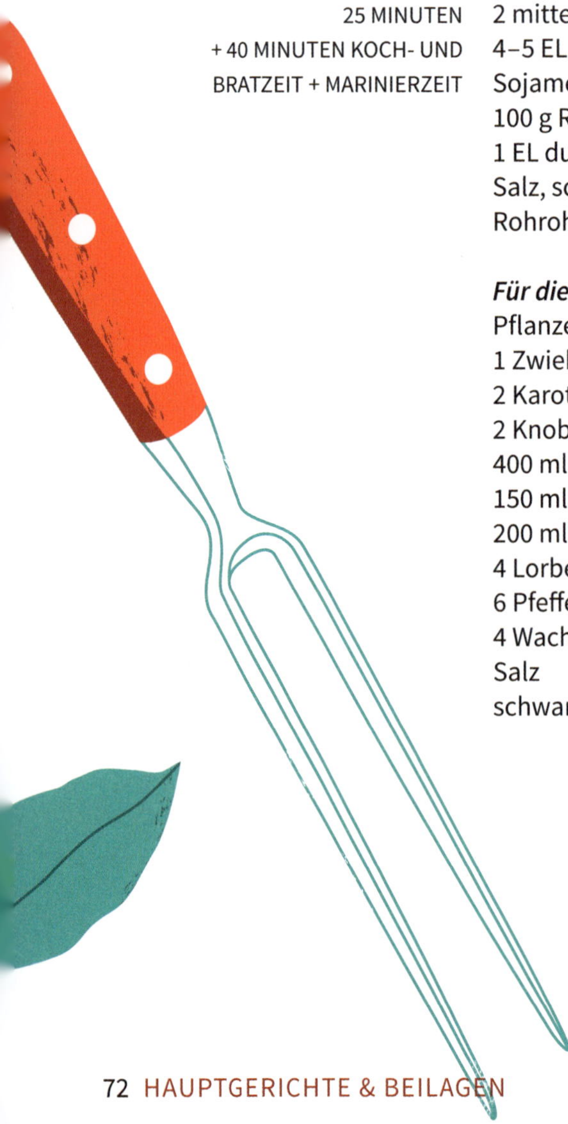

1. Für die Marinade das Öl in einem großen Topf bei hoher Temperatur erhitzen, Zwiebel, Karotten und Knoblauch darin scharf anbraten. Die anderen Zutaten für die Marinade zugeben und alles aufkochen. Den Seitan hineinlegen, er sollte vollkommen bedeckt sein – bei Bedarf mehr Brühe angießen. 5–10 Minuten kochen, dann den Topf vom Herd nehmen und den Braten 3–4 Stunden, besser aber über Nacht, marinieren.

2. In einem großen, schweren Topf das Pflanzenöl bei hoher Temperatur erhitzen. Den Seitanbraten aus der Marinade nehmen und mit Küchenpapier trocken tupfen, anschließend im Fett rundum kräftig anbraten. Die „festen" Gewürze aus der Marinade nehmen, die Marinade pürieren und reichlich davon zum Braten gießen. Bei niedriger Temperatur mit aufgesetztem Deckel erhitzen, dann die Printen fein dazubröseln und nochmals 10–15 Minuten köcheln. Den Braten aus dem Topf nehmen und warm stellen.

3. Sahne und etwas Mehl verrühren und die Sauce damit binden. Rosinen und Rübensirup zugeben, abschmecken und die Sauce noch einmal erhitzen – nach Belieben vorsichtig mehr Essig zugeben.

Zu Sauerbraten und Sauce schmecken Spiralnudeln, mit einem Stich veganer Butter verfeinert, oder Salzkartoffeln und Endiviensalat.

Düsseldorfer Senfrostbraten

Hier kommt der Liebhaber scharfer Sachen voll auf seine Geschmackskosten! Schon im 18. Jahrhundert wurde übrigens in Düsseldorf die erste deutsche Senffabrik gegründet und 1920 der erste deutsche Senf nach dem Dijon-Verfahren hergestellt. Der ist bis heute über die Grenzen Deutschlands hinaus als Qualitätsprodukt bekannt.

• • •

Für 4 Personen
ZUBEREITUNGSZEIT:
10 MINUTEN
+ 15 MINUTEN BRATZEIT

4 große Zwiebeln
8 EL mittelscharfer Mostert
(Senf, Fertigprodukt oder siehe Seite 14)
4 Lupinenfilets (à 200 g)
Salz
schwarzer Pfeffer
Dinkelmehl zum Bestäuben
Sesamöl zum Braten
150 ml Dinkelsahne

1. Die Zwiebeln schälen, fein würfeln und mit 6 EL Senf vermischen. Die Filets kräftig würzen und auf einer Seite dick mit der Zwiebel-Senf-Mischung bestreichen. Mit dem Mehl bestäuben.

2. In einer Pfanne reichlich Sesamöl bei mittlerer Temperatur erhitzen und die Filets vorsichtig auf der Panadeseite anbraten, die Panade sollte bräunen. Einen Pfannenheber sanft unterschieben und vorsichtig wenden – wenn es im ersten Anlauf nicht klappt, darf man die Zwiebel-Senf-Mischung jetzt einfach wieder auflegen. Auf der anderen Seite 3–4 Minuten scharf anbraten. Aus der Pfanne nehmen und warm halten.

3. In die Pfanne die Dinkelsahne und die übrigen 2 EL Senf geben und verrühren, den Bratensatz lösen und alles einmal kurz aufkochen. Die Sauce zum Senfrostbraten reichen.

Dazu schmeckt Kartoffelpüree (siehe Seite 66/67) oder ganz einfach ein grüner Salat.

Sonntagsbraten

Vielseitig vegan – Veganer haben, pardon, machen es gut: Aus Seitan (siehe Seite 12) oder einer weniger knetintensiven Veganbraten-Variante aus Glutenmehl wie dieser wird mit unterschiedlichen Würzzutaten jeder beliebige Braten. Wie würzig der wird, bestimmt jeder selbst. Es bleibt doch einmal etwas übrig? Prima, dann kochen wir leckeres Gulasch (siehe Seite 78/79) daraus.

Für 2–4 Personen

ZUBEREITUNGSZEIT: 25 MINUTEN + 15 MINUTEN BRAT- UND KOCHZEIT + 90 MINUTEN ZEIT ZUM DURCHZIEHEN

Für den Braten

300 g Glutenmehl
4 EL Hefeflocken
2 Knoblauchzehen
1 große Zwiebel
1 EL rosenscharfes Paprikapulver
1 TL Chilipulver
Salz
schwarzer Pfeffer
5 EL Tomatenmark
50–80 ml Altbier
50–80 ml dunkle Sojasauce
50–80 ml Gemüsebrühe (siehe Seite 13)
Sesamöl zum Braten

Für den Sud / die Sauce

100 ml Altbier
50 ml dunkle Sojasauce
2 EL dunkler Rübensirup
Gemüsebrühe (siehe Seite 13) zum Aufgießen
2 Äpfel
1 große Zwiebel
2 EL Rosinen
2 EL Aceto Balsamico
1 EL Mehl
2–3 EL Hafersahne
Salz, schwarzer Pfeffer, rosenscharfes Paprikapulver, gemahlene Nelken und Majoran zum Abschmecken

1. In einer Schüssel Glutenmehl und Hefeflocken mischen. Knoblauch und Zwiebel schälen, fein würfeln und mit Gewürzen und Tomatenmark dazugeben. Die Flüssigkeiten bis auf das Öl mischen und gleichmäßig nach und nach zufügen. Alles zu einem festen Seitanteig verarbeiten, eventuell mehr Brühe oder mehr Mehl zugeben und den Teig zu einem Laib rollen.

2. Den Braten in einen großen Topf legen. Für den Sud beziehungsweise die Sauce Bier, Sojasauce und Rübensirup mischen und dazugießen, mit Gemüsebrühe auffüllen, bis der Braten bedeckt ist. Die Äpfel schälen, vierteln, vom Kerngehäuse befreien und fein würfeln. Die Zwiebel schälen, ebenfalls fein würfeln und mit den Äpfeln in den Topf geben. Alles einmal aufkochen und dann bei niedrigster Temperatur 90 Minuten ziehen lassen, damit der Braten mehr Aroma und Farbe nimmt.

3. Den Braten aus dem Topf nehmen und abtupfen, den Sud durch ein Sieb passieren und wieder in den Topf geben. In einem Bräter Sesamöl erhitzen und den Braten rumdum bei mittlerer bis hoher Temperatur anbraten. Rosinen und Aceto Balsamico zum Sud im Topf geben und alles nochmals aufkochen. Etwas Flüssigkeit abnehmen und mit Mehl und Sahne zu einer homogenen Mischung verrühren. Wieder in den Topf geben und die Sauce damit abbinden, mit den Gewürzen abschmecken. Den Braten aufschneiden und mit der Sauce servieren. Dazu schmecken Rotkohl (siehe Seite 68/69) und Kartoffelklöße (siehe Seite 96/97).

Tipp

Statt des selbst gemachten Bratens schmeckt ein fertiger veganer Braten aus dem Handel oder Haselnusstofu.

Gulasch

Die Paarung von Erfindungsreichtum und Sparsamkeit hat im Rheinland schon immer zu überraschenden, in diesem Fall sehr schmackhaften, Ergebnissen geführt.

Für 4 Personen
ZUBEREITUNGSZEIT:
25 MINUTEN
+ 10 MINUTEN KOCHZEIT

1 kg veganer Sonntagsbraten (siehe Seite 76/77)
oder Reste von anderen Seitanbraten
2 Zwiebeln
2 EL vegane Butter
300 ml Malzbier
+ etwas mehr zum Angießen
kräftige Gemüsebrühe zum Angießen
(siehe Seite 13)
3 EL Tomatenmark
Salz
schwarzer Pfeffer
gemahlener Kümmel
1 geh. TL edelsüßes Paprikapulver
oder Pimentón Dulce
Majoran
Chilipulver nach Belieben
150 g Spekulatius, Printen
oder Russisch Brot, zerkrümelt
125 ml Mandeldrink
2 EL Mehl
1–2 EL Rosinen

1. Den Braten in dicke Scheiben, dann in mundgerechte Würfel schneiden. Die Zwiebeln schälen und würfeln. In einem Topf die Butter bei mittlerer Temperatur zerlassen und die Zwiebeln darin anschwitzen. Die Bratenstücke zugeben, kurz anbraten und mit Malzbier ablöschen. Von der Gemüsebrühe angießen, bis das gewünschte Mischungsverhältnis von Gulasch und Flüssigkeit erreicht ist. Tomatenmark zugeben, mit den Gewürzen sehr kräftig abschmecken und aufkochen.

2. Das Gebäck unterheben und 15–20 Minuten bei mittlerer Temperatur kochen. Immer wieder umrühren und mehr Malzbier zugeben, wenn die Sauce zu dickflüssig wird. Den Mandeldrink und das Mehl mit einem Pürierstab schaumig mixen und unterziehen.

Die Rosinen zugeben und das Gulasch mit Vollkorn-Spiralnudeln servieren.

Kartoffelpfanne

Diese „Pann“ versteht man nirgends so deftig-lecker wie im Rheinland zuzubereiten. Alles drin und Kartoffel-Haute-Cuisine!

Für 4 Personen
ZUBEREITUNGSZEIT: 10 MINUTEN + 30 MINUTEN BACKZEIT

200 g Soja-Schnetzel
300–400 ml kräftige Gemüsebrühe (siehe Seite 13)
+ mehr Gemüsebrühe zum Angießen
750 g vorwiegend festkochende Kartoffeln
4 kleine, feste Birnen
vegane Margarine zum Braten
Salz
schwarzer Pfeffer
Kümmelsaat nach Belieben
1–2 EL vegane Butter

Tipp

Wenn man gekochte Kartoffeln vom Vortag verwendet, reduziert sich die Backzeit auf 15–20 Minuten.

1. Den Backofen auf 200 °C (Ober-/Unterhitze, 180 °C Umluft) vorheizen. Die Soja-Schnetzel (nach Packungsangabe) etwa 10 Minuten in der Brühe aufkochen. Die Kartoffeln schälen und in Scheiben schneiden. Die Birnen schälen, vierteln, von den Kerngehäusen befreien und in Spalten schneiden. Die Schnetzel gut ausdrücken, mit Küchenpapier abtupfen und in einer Pfanne in veganer Margarine bei mittlerer bis hoher Temperatur rundum kräftig anbraten und dann aus der Pfanne nehmen.

2. Kartoffeln, Birnen und Soja-Schnetzel abwechselnd gefächert in eine ofenfeste Form füllen. Sehr kräftig würzen, Butterflöckchen daraufsetzen und Gemüsebrühe bis knapp unter den Einfüllrand der anderen Zutaten angießen. Im vorgeheizten Ofen auf der mittleren Schiene etwa 30 Minuten garen.

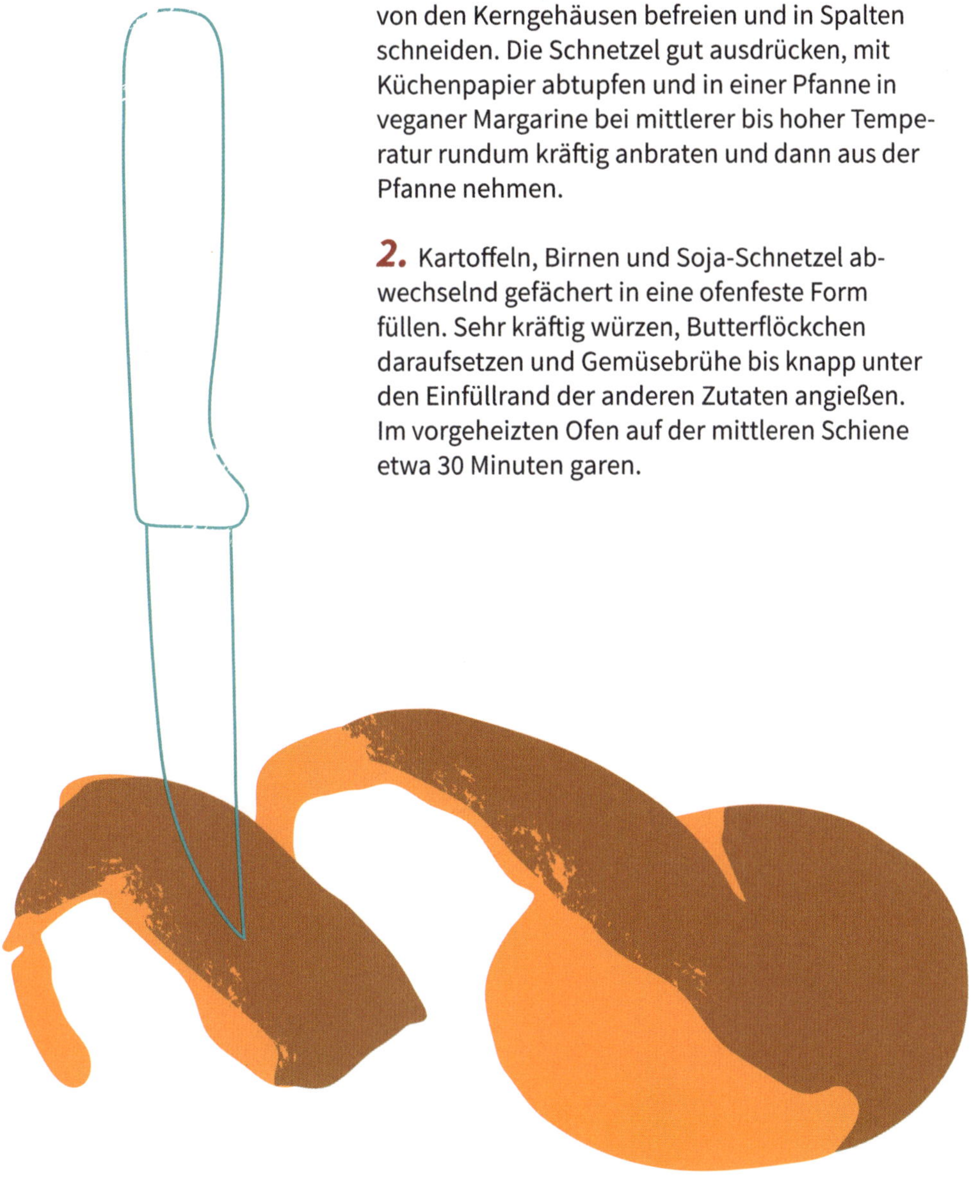

Feines Frikassee

Da lachen ja die Hühner! Denn für dieses Frikassee wurde feines Sojafilet würzig-fruchtig mariniert und macht mit den anderen leichten Zutaten die allerbeste Figur.

• • •

Für 4 Personen

ZUBEREITUNGSZEIT:
15 MINUTEN
+ 25 MINUTEN KOCHZEIT
+ 12 STUNDEN MARINIERZEIT

200 ml Kokosmilch
Saft von 2 Bio-Limetten
2 Knoblauchzehen, fein gehackt
1 Stück Ingwer (3 cm), fein geschnitten
1–2 TL Korianderblätter
600 g veganes Hähnchenfilet
Gemüsebrühe zum Auffüllen (siehe Seite 13)
Pflanzenöl zum Braten
½ Bund Suppengrün, geputzt und fein gewürfelt
10 ganze Pfefferkörner
2 Lorbeerblätter
80 g vegane Butter
3 geh. EL Mehl
Salz
schwarzer Pfeffer
400 g Erbsen (TK, alternativ Spargel)

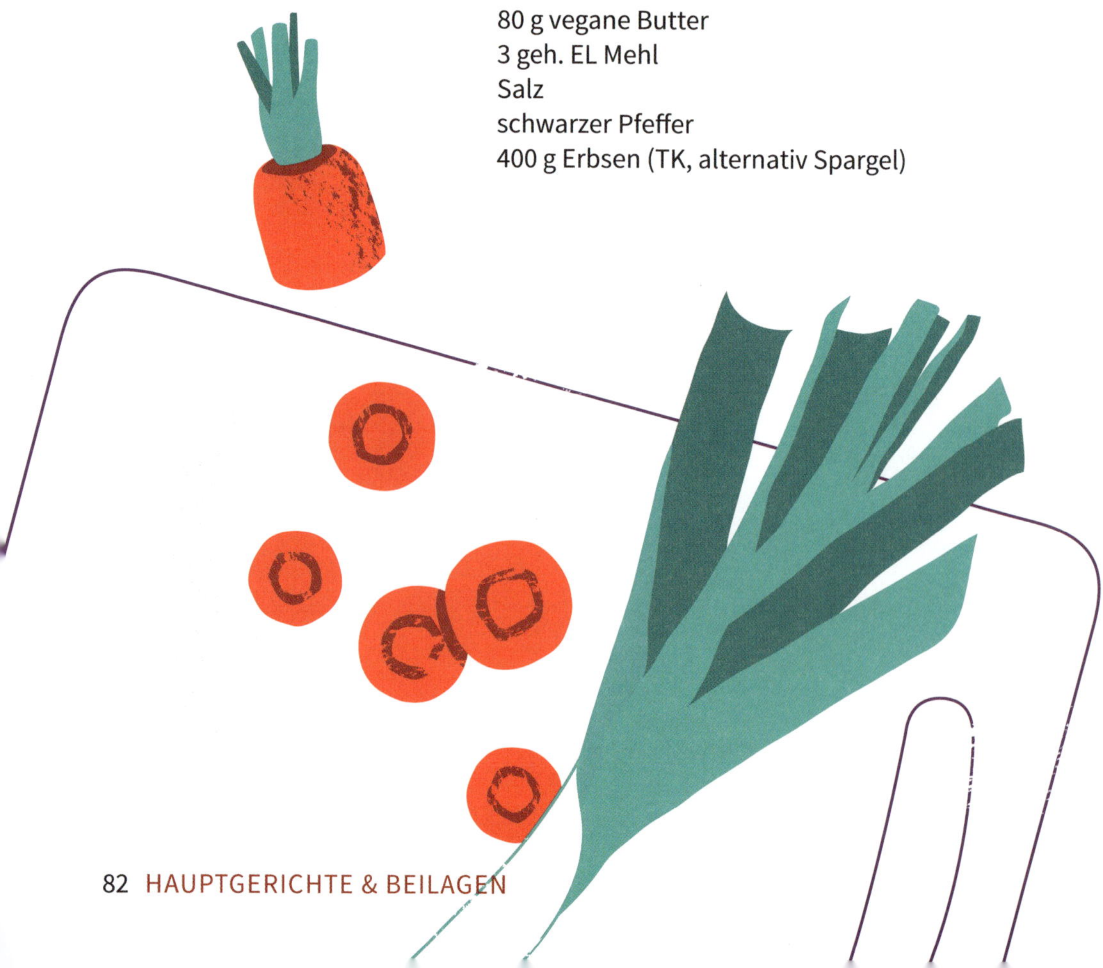

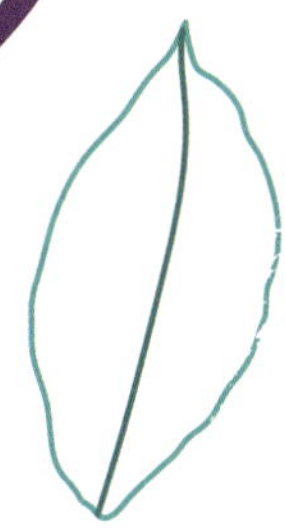

1. Aus Kokosmilch, Limettensaft, Knoblauch, Ingwer und Koriander eine Marinade anrühren. Die Hähnchenfilets in Streifen schneiden und über Nacht darin einlegen, sie sollten ganz mit Marinade überzogen sein – eventuell etwas Gemüsebrühe hinzufügen. Am nächsten Tag die Filets aus der Marinade nehmen und etwas Marinade abstreifen. In einem Bräter im Pflanzenfett rundum anbraten, die Filets aus dem Bräter nehmen und beiseitestellen.

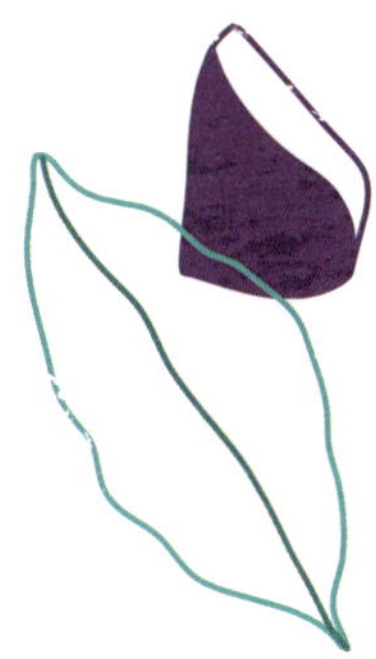

2. Die Marinade mit Suppengrün, Pfeffer und Lorbeer in den Topf füllen und etwa 1,5 cm hoch Gemüsebrühe angießen. Alles aufkochen und bei reduzierter Temperatur etwa 15 Minuten köcheln lassen. Die Suppengrünwürfel sollten weich sein. Alles durch ein Sieb passieren und die Sauce wieder in den Bräter geben, erneut erhitzen.

3. In einem großen Topf eine Mehlschwitze herstellen: Die Butter bei mittlerer Temperatur zerlassen und das Mehl einrühren. Etwas von der Sauce unter Rühren zugeben, dann die Mehlschwitze unter die Sauce im Bräter rühren bis eine leicht sämige, helle Creme entstanden ist. Mit Salz und Pfeffer abschmecken.

4. Hähnchen und Erbsen unterheben, eventuell mehr Flüssigkeit (Kokosmilch oder Brühe) zugeben und alles heiß werden lassen.

Dazu viel Jasminreis servieren – man kann den gekochten Reis aber auch unter das Frikassee heben.

Kümmelkartoffeln

Die würzigen Kartoffeln sind wegen des Kümmels sehr bekömmlich – der bringt was in Bewegung. Gut für den Magen ist auch ein Kräuterschnäpschen aus dem Rheinland – von Natur aus völlig vegan!

Für 4 Personen
ZUBEREITUNGSZEIT: 5 MINUTEN + 30 MINUTEN BACKZEIT

1 kg Kartoffeln
Pflanzenöl für das Backblech und zum Beträufeln
Kräutersalz
4 geh. EL Kümmelsaat

1. Den Backofen auf 200 °C (Ober-/Unterhitze, 180 °C Umluft) vorheizen. Die gut gereinigten, ungeschälten Kartoffeln halbieren und mit der Schnittfläche nach oben auf ein geöltes Backblech legen. Die Schnittflächen mit Öl beträufeln. Mit Salz und Kümmel bestreuen.

2. Im vorgeheizten Backofen auf der mittleren Schiene etwa 30 Minuten backen. Die Kartoffeln schmecken als Beilage zu diversen rheinischen Gerichten oder ergeben mit einem Kräuterquark eine kleine Mahlzeit.

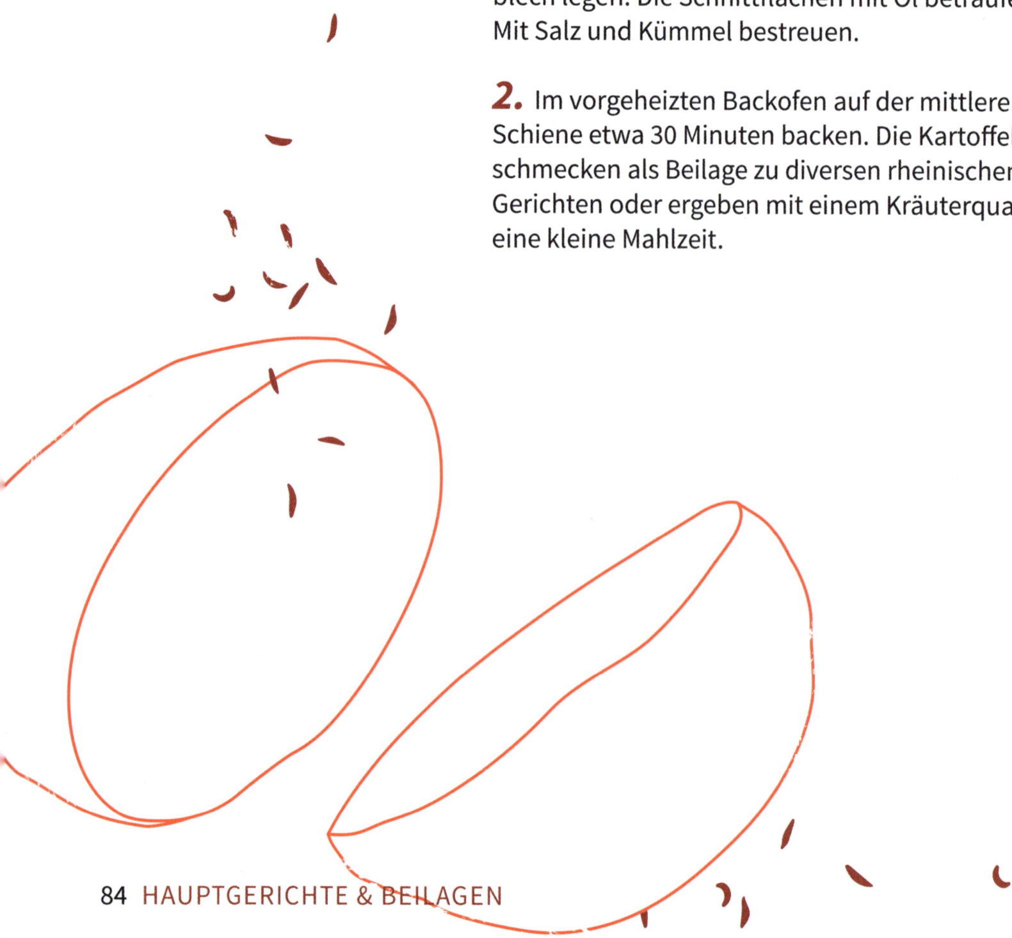

Tipp

Gebackene Kartoffeln schmecken auch mit anderen Würzmischungen: mit Rosenpaprika, Chilipulver oder Pimentón de la Vera, Meersalz und schwarzem Pfeffer oder mit Kräutern der Provence, Fleur de Sel oder … oder …

Stielmus

Wer durchs Rheinland fährt, sieht: Rüben rechts und Rüben links. Stielmus oder Rübstiel sind die zarten Stiele und Blättchen der eigens fürs Gemüsegericht angebauten Rüben. Sie werden klassisch in einer Mehlschwitze serviert.

Für 4 Personen
ZUBEREITUNGSZEIT:
10 MINUTEN
+ 25 MINUTEN KOCHZEIT

1 kg Stielmus
500 ml leichte Gemüsebrühe (siehe Seite 13)
30 g vegane Butter
3–4 geh. EL Mehl
200 ml Sojadrink
1 Prise geriebene Muskatnuss
Salz
schwarzer Pfeffer

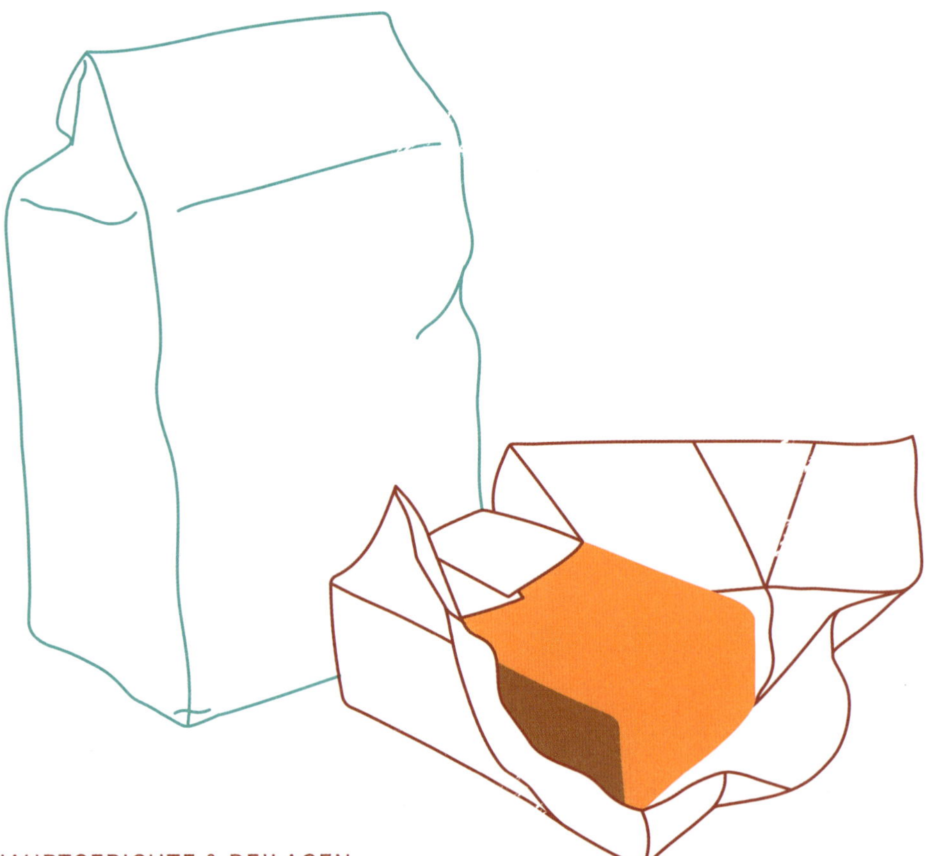

1. Die Stielmusblätter gründlich waschen und trockenschütteln. Mit der Hand die Blätter von den Stielen entfernen und beides fein schneiden. Die Gemüsebrühe aufkochen und den Stielmus zugeben. Bei mittlerer Temperatur etwa 15 Minuten garen, er sollte nicht ganz zerfallen. Durch ein Sieb abgießen und dabei etwa 200 ml von der Flüssigkeit auffangen.

2. In einem größeren Topf bei mittlerer Temperatur die vegane Butter zerlassen. Das Mehl dazusieben und unter Rühren eine Mehlschwitze herstellen. Aufgefangene Kochflüssigkeit und Sojadrink nach und nach zugeben, bis eine flüssig-sämige Sauce entsteht, dabei immer weiter rühren. Mit den Gewürzen abschmecken und den Stielmus unter die Sauce heben, nochmals erwärmen.

Schmeckt zu Gulasch (siehe Seite 78/79) und Kümmelkartoffeln (siehe Seite 84/85) und vielem mehr.

Grünkohl durcheinander

Grünkohl braucht Frost. Dadurch bekommt er seine unterschwellige Süße, die den Geschmack so einzigartig macht. Was für ein schönes Bild, wenn Mitte November Grünkohlköpfe im Frost wie die Ulanen in Reih und Glied auf den Feldern stehen.

• • •

Für 4 Personen
ZUBEREITUNGSZEIT:
10 MINUTEN
+ 40 KOCH- UND BRATZEIT

1 kg Grünkohl
500 g Kartoffeln
400 ml Gemüsebrühe (siehe Seite 13)
2 Zwiebeln
4 EL Schmalz (siehe Seite 15)
100 g veganer Schinken oder Speck (Fertigprodukt oder siehe Seite 66/67)
4 EL Dinkelmehl
4 EL vegane saure Sahne (aus 3 EL Sojaquark, 1 EL Seidentofu und 1 Spritzer Zitronensaft)
Salz
schwarzer Pfeffer
je 1 Prise gemahlener Kümmel, Piment, Muskatnuss und Nelken
scharfer Senf zum Abschmecken
300 g veganes Kasseler (Fertigprodukt oder siehe Seite 66/67), alternativ vegane sehr würzige, gröbere Würstchen oder würzige Seitanmedaillons

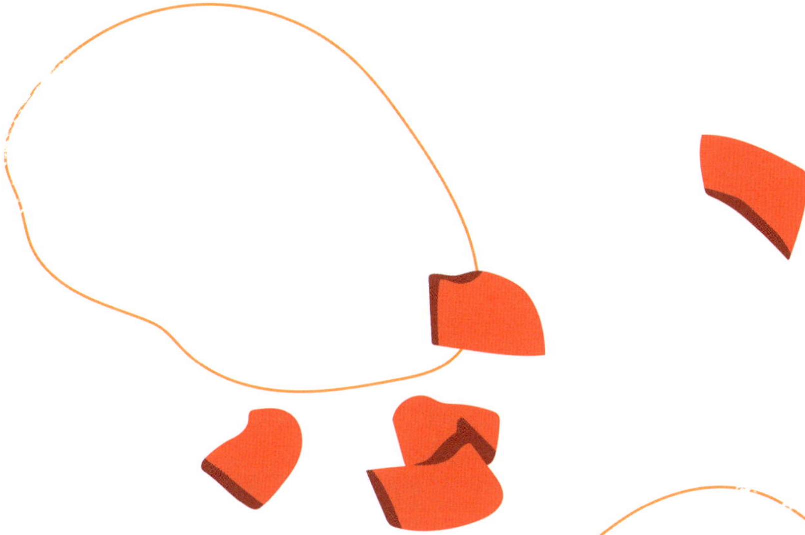

1. Den Grünkohl waschen und grob zerzupfen oder in breite Streifen schneiden. Die Kartoffeln schälen und in Würfel schneiden. Beides in einem Topf mit Gemüsebrühe bedecken und bei mittlerer Temperatur 25–30 Minuten garen. Die Flüssigkeit sollte dann weitestgehend aufgenommen worden beziehungsweise verdampft sein, ansonsten etwas abgießen.

2. Zwiebeln schälen und fein würfeln. In einer kleinen Pfanne das Schmalz bei mittlerer Temperatur zerlassen und den Speck darin anbraten, dann die Temperatur reduzieren und die Zwiebeln darin anschwitzen. Mit dem Mehl bestäuben, gut verrühren und die saure Sahne unterrühren. Alles unter den Grünkohl heben und sehr kräftig würzen.

3. Das Kasseler würfeln und unterheben, weitere 5–10 Minuten alles unter Rühren schön heiß werden lassen.

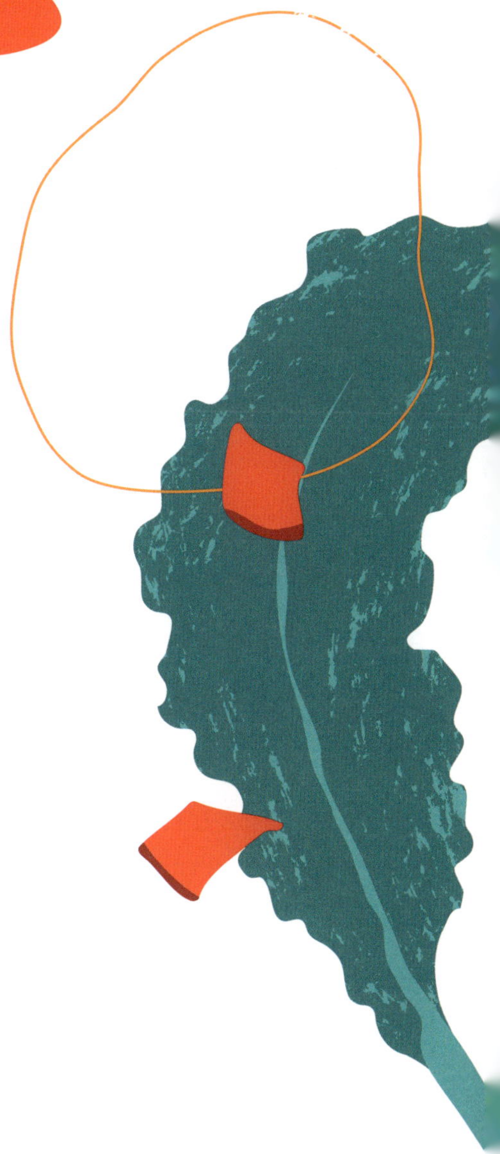

Wirsing durcheinander

Unser rheinischer Wirsing ist vegan, leicht, vitaminreich und farblich frisch. Gute Ernährung – einfach köstlich!

Für 4 Personen
ZUBEREITUNGSZEIT:
15 MINUTEN
+ 20 MINUTEN KOCHZEIT

800 g mehlig kochende Kartoffeln
Salz
1 großer Wirsingkopf (800 g – 1 kg)
1 große Zwiebel
2–3 vegane Cabanossi oder Chorrizo
3 EL vegane Butter
200 ml Gemüsebrühe (siehe Seite 13)
+ etwas mehr zum Auffüllen
2–3 EL Buchweizenmehl
schwarzer Pfeffer
1 TL gemahlener Kümmel

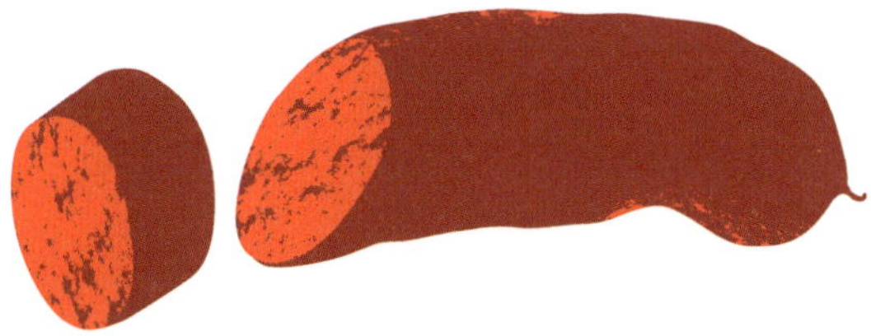

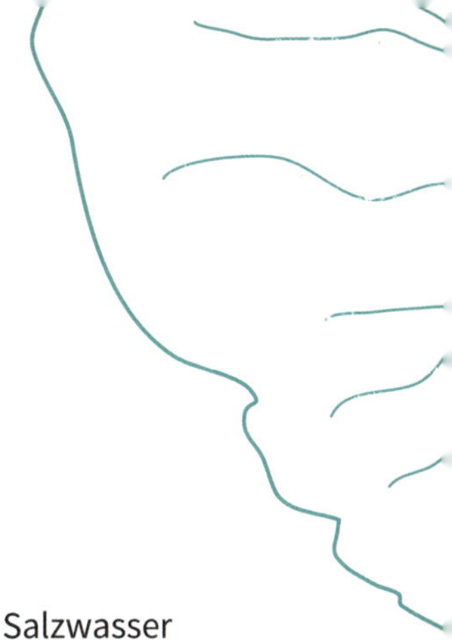

1. Die Kartoffeln schälen und in Salzwasser kochen. Währenddessen den Wirsing halbieren, vom Strunk befreien und die Blätter in Streifen schneiden. In einem Topf in kochendem Salzwasser 2 Minuten blanchieren – abgießen und in einem Durchschlag abtropfen lassen.

2. Die Zwiebel schälen und fein würfeln, die Cabanossi oder Chorrizo ebenfalls würfeln. Im Topf 1 EL Butter bei mittlerer Temperatur zerlassen. Die Zwiebel darin anbraten und mit der Hälfte der Gemüsebrühe ablöschen. Den Wirsing zugeben und 10 Minuten unter Wenden schmoren.

3. In einem kleinen Topf 2 EL Butter bei mittlerer Temperatur zerlassen. Das Mehl gleichmäßig einrühren, dabei nach und nach die übrige Gemüsebrühe angießen und so eine Mehlschwitze herstellen, kurz beiseitestellen. Die Kartoffeln abgießen und würfeln. Mit der Mehlschwitze und den Cabanossi-Würfeln unter den Wirsing heben, die Kartoffeln sollen dabei leicht zerfallen. Etwas Gemüsebrühe zugießen, damit es nicht zu trocken wird.

Kräftig mit Salz, Pfeffer und Kümmel abschmecken und munden lassen.

Wirsingroulade

Innere Werte: Bei der Wirsingroulade stimmen Inhalt und Verpackung, und das sowohl geschmacklich als auch optisch. Die Rouladen halbiert auf einem Saucenspiegel servieren – das macht was her!

Für 4 Personen
ZUBEREITUNGSZEIT: 15 MINUTEN + 25 MINUTEN KOCH- UND BRATZEIT

120 g Naturreis
Salz
750 ml Gemüsebrühe (siehe Seite 13)
12 Wirsingblätter
100 g Linsensprossen
250 g frische braune Champignons
4 Frühlingszwiebeln
2 EL vegane Butter
2–3 EL Sojasauce
2–3 EL malziges, dunkles Bier
½ TL schwarzer Pfeffer
½ TL gemahlener Kümmel
½ TL Chilipulver
½ TL gerebelter Thymian
Haselnussöl zum Braten
150 ml Sojasahne

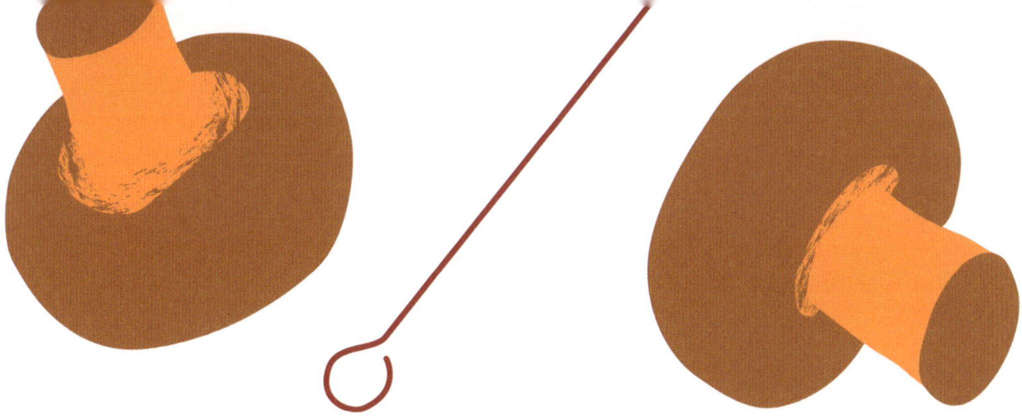

1. Den Naturreis in Salzwasser etwa 10 Minuten garen. Währenddessen die Gemüsebrühe bei mittlerer Temperatur erhitzen. Von den Wirsingblättern die dicken Strünke entfernen und die Blätter im Ganzen in der Brühe blanchieren. Herausheben, ausbreiten (sie können sich dabei auch überlappen) und etwas abkühlen lassen. Etwas von der Brühe abnehmen und darin die Linsensprossen 2 Minuten dünsten, aus der Brühe nehmen und beiseitestellen.

2. Die Champignons mit einem Pinsel oder einem Tuch abreiben und fein hacken. Die Frühlingszwiebeln putzen und fein würfeln. In einer Pfanne die Butter bei mittlerer Temperatur zerlassen, Pilze und Frühlingszwiebeln darin anbraten. Mit Sojasauce und Bier ablöschen, etwas einkochen lassen und sehr kräftig würzen. Den abgegossenen Reis und die Sprossen gleichmäßig unterheben, nochmals kurz aufkochen und so eine Rouladenfüllung herstellen.

3. Die Wirsingblätter mit der Füllung belegen, zu Päckchen einschlagen und aufrollen, eventuell mit Küchengarn oder Rouladennadeln fixieren. In der Pfanne das Nussöl bei mittlerer Temperatur erhitzen und die Rouladen darin rundum goldbraun anbraten. Den Bratensatz mit der Sojasahne lösen, kurz aufkochen und abschmecken.

Dazu schmecken Salzkartoffeln.

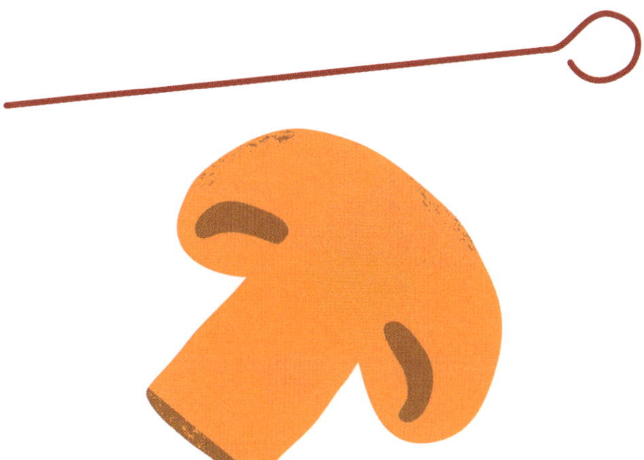

Tipp

Nach Belieben kann man auch fein gehackten Räuchertofu mit in die Füllung geben.

Steckrübeneintopf

Was für ein Glück: In der Küche kommen die lange unterschätzten Steckrüben, die leckeren und gesunden Feldfrüchtchen, wieder zu Ehren!

Für 4 Personen
ZUBEREITUNGSZEIT:
15 MINUTEN
+ 25 MINUTEN KOCH- UND BRATZEIT

400 g vorwiegend festkochende Kartoffeln
Salz
1 große Steckrübe (etwa 1,2 kg)
350 g Suppengrün
500 ml Gemüsebrühe
2 Lorbeerblätter
3 Pimentkörner
2 Wacholderbeeren
2 Zwiebeln
1 EL Rapsöl
schwarzer Pfeffer
½ TL gemahlener Thymian

1. Die Kartoffeln schälen und in Salzwasser garen. Die Steckrübe dick abschälen und in Stifte (wie Pommes frites) schneiden. Das Suppengrün putzen und würfeln. Steckrübe und Suppengrün in der Gemüsebrühe mit Lorbeer, Piment und Wacholder 20 Minuten garen, eventuell etwas mehr Brühe angießen, das Gemüse sollte bedeckt sein.

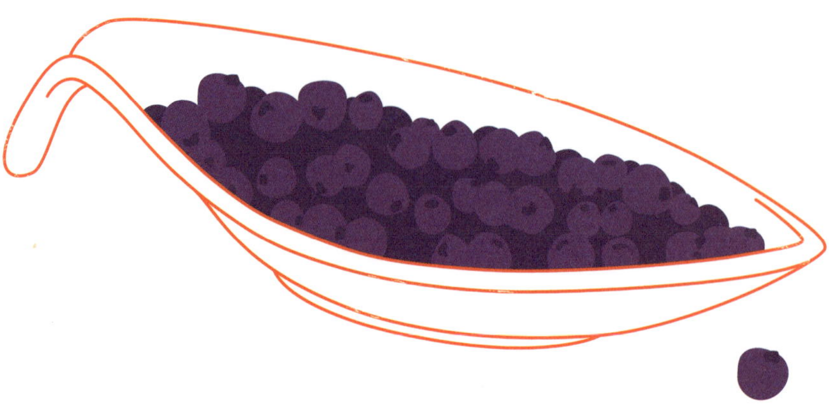

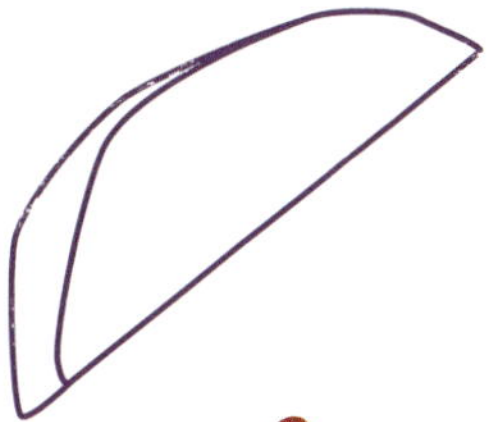

2. Die Zwiebeln schälen und fein würfeln. Im Rapsöl bei mittlerer Temperatur anschwitzen. Kartoffeln und Gemüse abgießen, miteinander leicht musig vermengen. Die Zwiebel unterheben und alles kräftig würzen.

Dazu schmeckt feine vegane Bratwurst.

Kartoffelklöße

Es gibt zahllose Varianten, und jede Familie im Rheinland hat das beste Rezept. Hier kommt eines davon. Kleiner Tipp am Rande: Diese Klöße gelingen sogar Anfängern!

Für 4 Personen
ZUBEREITUNGSZEIT:
15 MINUTEN
+ 40 MINUTEN KOCH- UND BRATZEIT
+ 30 MINUTEN BACKZEIT

800 g mehlig kochende Kartoffeln
Salz
100 g Kartoffelmehl
½ TL geriebene Muskatnuss
schwarzer Pfeffer
1 geh. EL fein gehackte krause Petersilie
etwa 150 ml neutraler Sojadrink
vegane Butter zum Braten

1. Die Kartoffeln in der Schale in Salzwasser garen. Abkühlen lassen und pellen, dann durch eine „Flotte Lotte“ pressen, durch eine andere Kartoffelpresse drücken oder sehr fein stampfen. Erst Mehl, Gewürze und Petersilie, dann den Sojadrink nach und nach unterarbeiten. Wird der Teig zu feucht, mehr Mehl, wird er zu trocken und fällt auseinander, mehr Sojadrink unterarbeiten. Den Teig etwa 20–30 Minuten kalt stellen.

2. Leicht gesalzenes Wasser aufkochen. Vom Teig tennisballgroße Klöße abstechen und mit angefeuchteten Händen formen. Im heißen Wasser ziehen lassen, mit dem Schaumlöffel herausheben und abtropfen lassen.

3. In einer Pfanne die Butter bei mittlerer Temperatur zerlassen und die Klöße darin rundum goldbraun anbraten.

Dazu schmeckt eine Pilzsauce, Rotkohl (siehe Seite 68/69) oder … oder …

„Hasen"pfeffer

Hier liegt der vegane Hase gemütlich im Pfeffer und fühlt sich ausgesprochen wohl dabei. Die richtigen Gewürze machen diese Zubereitung zum Lieblingsgericht.

• • •

Für 4 Personen
ZUBEREITUNGSZEIT:
10 MINUTEN
+ 50 MINUTEN BRAT- UND KOCHZEIT

800 g würzig marinierter Seitan (Seitan siehe Seite 12, würzige Marinade siehe Seite 72/73) oder Seitanmedaillons (Fertigprodukt)
3 Zwiebeln
1 Karotte
50 g vegane Butter
1 EL feiner Rohrzucker
1–2 EL Pflanzenöl
600 ml Gemüsebrühe (siehe Seite 13), ggf. mehr
1 EL Apfelessig
je 3–4 EL Teriyakisauce (süße Sojasauce) und dunkler Rübensirup
3 Lorbeerblätter
4 Nelken
8 Pfefferkörner, leicht zerstoßen
1 EL Buchweizenmehl
2 EL Pflaumenmus
80 g Trockenpflaumen, gehackt
80 g Pfefferkuchen, zerbröselt
je 1 Msp. geriebene Muskatnuss und gemahlener Zimt
Salz
schwarzer Pfeffer
saure Sahne (aus 3 EL Sojaquark, 1 EL Seidentofu und 1 Spritzer Zitronensaft)

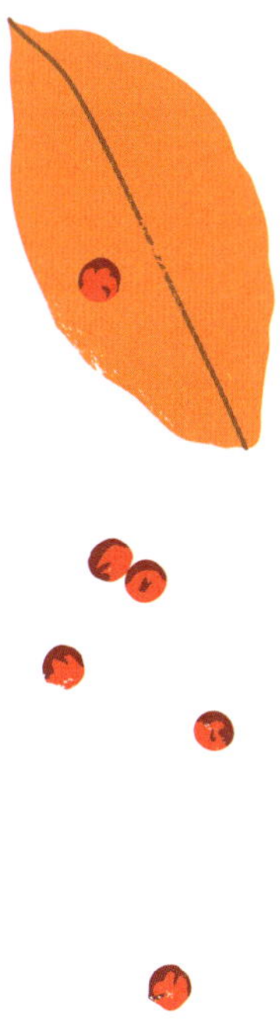

1. Den Seitan in mundgerechte Stücke schneiden, die Zwiebeln schälen und hacken. Die Karotte schälen und fein reiben. In einem Bräter bei mittlerer bis hoher Temperatur die Butter zerlassen, dann Zwiebeln und Karotte darin anbraten. Den Rohrzucker darüberstreuen und alles karamellisieren. Zunächst das Pflanzenöl, dann den Seitan zugeben und unter gelegentlichem Rühren kräftig von allen Seiten braten bis er braun ist.

2. Gemüsebrühe, Apfelessig, Teriyakisauce und Rübensirup angießen – es sollte alles bedeckt sein. Die „festen" Gewürze zugeben und alles bei hoher Temperatur miteinander aufkochen. Dann die Temperatur reduzieren und alles etwa 20 Minuten bei mittlerer Temperatur weiterkochen.

3. Von der Flüssigkeit eine gute halbe Tasse abnehmen und das Buchweizenmehl kräftig einrühren, dann wieder in den Topf geben und alles gut miteinander verrühren. Pflaumenmus, Trockenpflaumen und Pfefferkuchen zugeben und mit den übrigen Gewürzen abschmecken. Wer mag, rundet mit saurer Sahne ab.

Dazu Salzkartoffeln und Rotkohl (siehe Seite 68/69) reichen.

Martins-„Ente“

Die schmeckt auch zum Weihnachtsfest und wer möchte, darf diese Ente auch als Gans bezeichnen. Wenn wir im Winter von den schönen Weihnachtsmärkten im Rheinland nach Hause kommen, mundet ein solches Festessen nochmal so gut. Der Aufwand lohnt!

Für 4 Personen

ZUBEREITUNGSZEIT: 25 MINUTEN + 30 MINUTEN KOCH- UND BRATZEIT + 30 MINUTEN BACKZEIT

Für die Bratäpfel

4 kleine säuerliche Äpfel
2 geh. EL Walnüsse
8 getrocknete Aprikosen
4 EL Erdnusscreme „crunchy“
Rohrohrzucker
geschmolzene Butter

Für die Sauce und die Maronen

4 Schalotten
Sesamöl zum Braten
2 EL dunkler Rübensirup
+ etwas zum Glasieren
100 ml Sojasauce
100 ml kräftiger Rotwein
4 große braune Champignons
16 küchenfertige Maronen
1 TL gemahlener Thymian
1 TL gemahlener Rosmarin
Salz
schwarzer Pfeffer
1 EL Rohrohrzucker

Für die Ente

4 vegane Entenbrustfilets
Sesamöl zum Braten
Salz
schwarzer Pfeffer

1. Für die Bratäpfel den Backofen auf 200 °C (Ober-/Unterhitze, 180 °C Umluft) vorheizen. Die Äpfel waschen und trocken tupfen, das Kerngehäuse mit einem Ausstecher entfernen. Die Walnüsse hacken, die Aprikosen fein schneiden und beides mit der Erdnusscreme mischen. Mit Zucker nach Belieben abschmecken und die Äpfel damit füllen. In eine Auflaufform setzen, mit der Butter beträufeln und im vorgeheizten Ofen auf mittlerer Schiene 30 Minuten backen.

2. Währenddessen für die Sauce die Schalotten schälen und fein würfeln. In einer Pfanne das Sesamöl bei mittlerer Temperatur erhitzen und die Schalotten darin anbräunen, mit Rübensirup beträufeln und karamellisieren. Mit Sojasauce und Rotwein ablöschen und alles etwas einkochen lassen. Die Champignons putzen und hacken, 4 Maronen hacken und mit den Champignons pürieren. Das Püree in die Sauce geben, mit den Gewürzen abschmecken und für die Filets später nochmals erhitzen. Für mehr Sauce und eine flüssigere Konsistenz mehr Sojasauce und Rotwein zugeben.

3. In einem Pfännchen den Rohrohrzucker und etwas Rübensirup bei niedriger bis mittlerer Temperatur langsam schmelzen und die übrigen Maronen darin glasieren. Warm halten.

4. Die Entenbrustfilets auf der „Hautseite“ rautenförmig einschneiden und in einer Pfanne mit Sesamöl bei mittlerer bis hoher Temperatur auf jeder Seite etwa 4 Minuten kross anbraten. Unter Wenden etwa 10 Minuten bei reduzierter Temperatur weiterbraten. Auf Tellern anrichten, mit etwas Sauce überziehen und die übrige Sauce dazureichen. Die Bratäpfel und die Maronen dazu servieren.

Für ein üppiges Festmahl Kartoffelklöße (siehe Seite 96/97) und Rotkohl (siehe Seite 68/69) dazu reichen.

Veggie-Wildgulasch

Veggie-wild schmeckt dieses Gulasch, und das kommt durch die überaus schmackhafte Gewürzkomposition. Von Veganern lässt sich eine Menge lernen!

• • •

Für 4 Personen

ZUBEREITUNGSZEIT: 15 MINUTEN + 10 MINUTEN EINWEICHZEIT + 45 MINUTEN BRAT- UND KOCHZEIT

300 g Sojawürfel (je nach Produkt)
400 ml sehr kräftige heiße Gemüsebrühe (siehe Seite 13)
2 TL rosenscharfes Paprikapulver
scharfer Senf
Salz
schwarzer Pfeffer
Pflanzenöl zum Braten
2 Zwiebeln
2 große Paprikaschoten
1 rote Chilischote
200 g Waldpilze
1 kleine Dose gehackte Tomaten (400 g)
250 ml kräftiger Rotwein
3 EL Tomatenmark
1 Lorbeerblatt
3 Nelken
8 Wacholderbeeren
1 geh. TL sehr fein gehackte Rosmarinnadeln

Tipp

Soll es einmal schneller gehen, kann das Gulasch mit geviertelten, gebratenen würzigen Seitanmedaillons zubereitet werden.

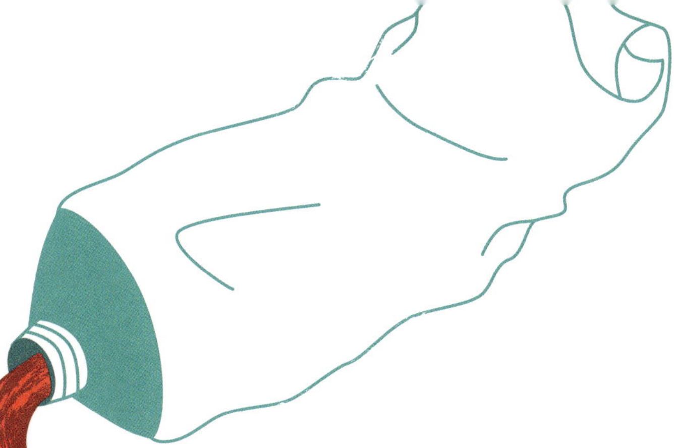

1. Die Sojawürfel in der Brühe 5–10 Minuten einweichen (je nach Produkt ggf. mehr Brühe verwenden) und gut ausdrücken, mit Paprika, Senf, Salz und Pfeffer kräftig würzen. In einem schweren Topf Öl bei mittlerer bis hoher Temperatur erhitzen und das Sojagulasch darin kross anbraten. Aus dem Topf nehmen und beiseitestellen.

2. Die Zwiebeln schälen und fein würfeln, die Paprikaschoten waschen, vom Stielansatz und den Samen befreien, ebenfalls fein würfeln. Die Chilischote waschen, vom Stielansatz befreien und mit den Kernen hacken. Die Pilze putzen und beiseitestellen.

3. Erneut Öl im bereits verwendeten Topf erhitzen und im Bratensatz erst die Zwiebeln, dann Paprika und Chili anbraten. Gehackte Tomaten und Rotwein zugeben, das Tomatenmark einrühren und alles etwas einkochen lassen. Sojawürfel sowie alle übrigen Gewürze zugeben und so lange kochen, bis die Sojawürfel einen kräftigen Geschmack angenommen haben (ca. 25–30 Minuten). Lorbeer und Nelke wieder entnehmen. Die Pilze zugeben und alles noch einmal aufkochen lassen.

Dazu schmecken Vollkorn-Spiralnudeln.

Kuschelmusch mit Senfsauce

„Kuschelmusch" klingt gemütlich und genau nach dem, was es ist: Durcheinander. Es wird eigentlich mit Stockfisch zubereitet. Da offensichtlich viele Asiaten unser gemütliches Durcheinander der Kulturen schätzten und nur zu gern ins Rheinland kamen – hier also eine vegan-asiatisch-rheinische Speiseninterpretation.

Für 4 Personen

ZUBEREITUNGSZEIT:
10 MINUTEN
+ 25 MINUTEN BRAT- UND KOCHZEIT
+ 2–3 STUNDEN MARINIERZEIT

400 g fester Tofu
4 EL Kräuteröl
+ mehr Öl zum Dünsten
100 ml Zitronensaft
+ etwas mehr zum Abschmecken
100 ml Gemüsebrühe (siehe Seite 13)
1 TL Misopaste
1 Knoblauchzehe
20 g getrocknete Nori-Algen
Salz
weißer Pfeffer
600 g vorwiegend festkochende Kartoffeln
1 Gemüsezwiebel
2 Frühlingzwiebeln
4–6 EL scharfer Senf
400 g Sojajoghurt

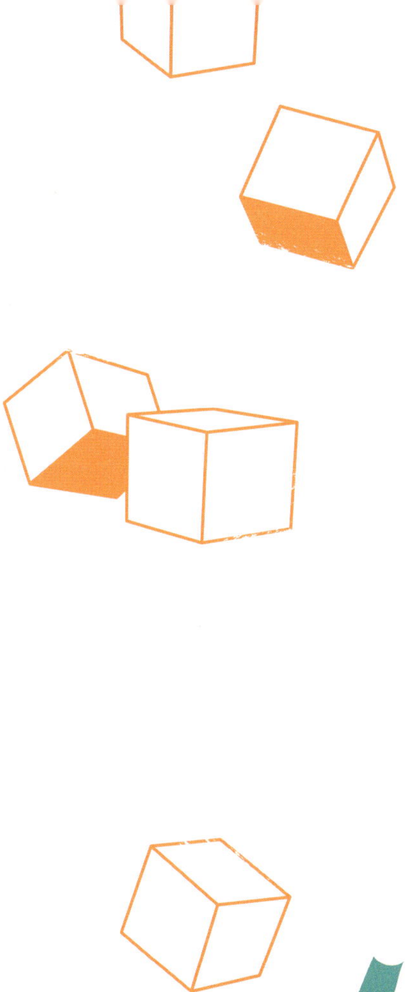

1. Den Tofu würfeln, aus Kräuteröl, Zitronensaft, Gemüsebrühe und Misopaste eine Marinade herstellen. Die Knoblauchzehe schälen und hineinpressen, die Algen hineinbröseln, alles verrühren und nach Belieben mit Salz und Pfeffer abschmecken. Die Tofuwürfel 2–3 Stunden darin ziehen lassen. Sie sollten mit Flüssigkeit bedeckt sein, eventuell mehr Gemüsebrühe zugeben.

2. Die Kartoffeln mit Schale in Salzwasser kochen. Die Gemüsezwiebel schälen, grob hacken und in Öl kurz andünsten. Die Frühlingszwiebeln waschen und in feine Röllchen schneiden. Die Kartoffeln etwas abkühlen lassen, dann pellen und grob würfeln – sie sollten noch warm sein. Aus Senf und Sojajoghurt eine Sauce anrühren, mit Salz, Pfeffer und Zitronensaft abschmecken.

3. Die Tofuwürfel aus der Marinade nehmen, aber nicht abtupfen. In einer Schüssel mit den Kartoffeln vermengen, die Zwiebeln unterheben. Mit der Senfsauce – die Menge nach Belieben – anmachen und noch etwas von der Marinade zugeben, abschmecken.

Tipp

Statt des Tofus veganes Fischfilet (Fertigprodukt) verwenden, dann entfällt das Marinieren oder die Marinade kann deutlich weniger würzig zubereitet werden.

NACHTISCH & GEBÄCK

Die rheinische Küche hält für „Zuckerschnuten“ so viele Verlockungen bereit, dass die Auswahl schwer fällt. Hier kommen Kostproben, die zu süßer Sünde einladen – die vegan zubereitet gar nicht einmal so sündig sind.

Apfelkompott

Schmeckt in jeder Darreichungsform, allein oder zu (fast) allem: rheinisches Apfelkompott oder -mus. Der Anbau von Kernobst hat im Rheinland eine lange Tradition, auf dem Markt oder direkt beim Obstbauern kauft man beste Ware.

Für 4 Personen
ZUBEREITUNGSZEIT:
10 MINUTEN
+ 40 MINUTEN KOCHZEIT

1 kg fruchtig-süße Äpfel (Cox Orange)
200 ml naturtrüber Apfelsaft
2 Zimtstangen
5 EL Rohrohrzucker
5 EL heller Rübensirup

Tipp

Das Apfelkompott sehr fein zerstampft oder püriert ergibt Apfelmus, das uns eingekocht vitaminreich über den Winter bringt.

1. Die Äpfel schälen und vierteln, von den Kerngehäusen befreien und in kleine Stücke schneiden. In einem Topf den Apfelsaft bei hoher Temperatur erhitzen und die Apfelstücke sowie die Zimtstangen dazugeben.

2. Unter gelegentlichem Rühren aufkochen, dann die Temperatur etwas reduzieren und etwa 20–30 Minuten weiterkochen. Die Zimtstangen entfernen und die Äpfel eventuell mit einem Kartoffelstampfer etwas zerdrücken. Das Kompott sollte stückig-musig sein.

3. Mit Zucker und Rübenkraut süßen und abschmecken.

Kühl gelagert hält das Apfelkompott mehrere Tage und schmeckt als Dessert oder zu Hauptgerichten.

Milchreis mit Kompott

Süße Erinnerung an glückliche Kindertage: Frisch gekochter Milchreis duftet so unglaublich gut – und schenkt Wonne und Wohlgefühl. Statt Kompott dazu, den noch warmen Reis dick mit Zimtzucker bestreuen, mmmh!

• • •

Für 4-6 Personen
ZUBEREITUNGSZEIT:
10 MINUTEN
+ 20 MINUTEN KOCHZEIT

Für das Kompott
500–600 g Pflaumen
1 Zimtstange
4–5 geh. EL Rohrohrzucker
dunkler Rübensirup zum Abschmecken

Für den Reis
2 Dosen Kokosmilch (800 ml)
200 g Milchreis
3–4 EL Rohrohrzucker
1 Prise Salz

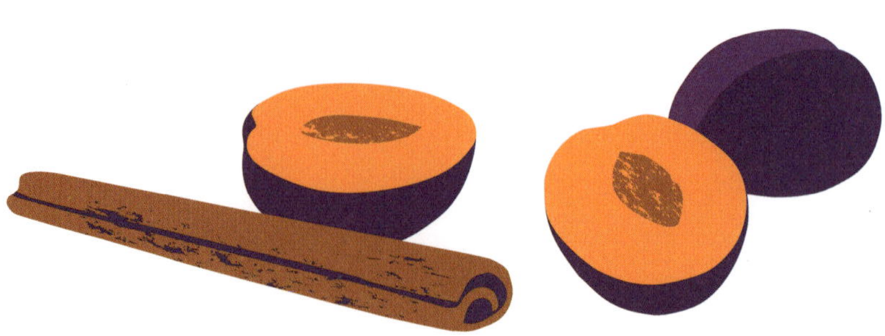

1. Für das Kompott die Pflaumen waschen, halbieren, entsteinen und klein schneiden. In einem Topf mit etwas Wasser und der Zimtstange zunächst bei hoher, dann bei niedriger bis mittlerer Temperatur köcheln lassen, dabei hin und wieder umrühren. Nach der Hälfte der Kochzeit 4–5 EL Zucker unterrühren.

2. Für den Reis die Kokosmilch mit 150 ml Wasser, 3–4 EL Zucker und dem Salz erhitzen. Den Reis einrühren und unter ständigem Rühren etwa 10 Minuten köcheln. Den Topf vom Herd nehmen und weiter ziehen lassen.

3. Aus dem Pflaumenkompott die Zimtstange entfernen und das Obst mit dem Rübensirup feinwürzig-süß abschmecken und noch warm zum Reis servieren.

Bollebäuskes

Schade, dass Karneval nur einmal im Jahr ist … das typische Gebäck der herrlichen fünften Jahreszeit kann man zum Glück aber so oft zubereiten, wie man lustig ist.

Menge: Reichlich

ZUBEREITUNGSZEIT:
10 MINUTEN
+ ZEIT ZUM EINWEICHEN
+ BACKZEIT

150 g Rosinen
Rum zum Einweichen
500 g Mehl
1 Tütchen Backpulver
150 g Rohrohrzucker
1 Prise Salz
1 geh. EL Zimt
150 g Apfelmus
250 ml Sojadrink
1,5 kg Bio-Kokosfett zum Frittieren
Puderzucker zum Bestäuben

1. Die Rosinen am Vorabend in einer kleinen Schüssel mit Rum bedecken und über Nacht einweichen. Abgießen und die Rosinen etwas trocken tupfen.

2. Mehl und Backpulver in eine Schüssel sieben. Zucker, Salz und Zimt unterheben, dann nach und nach Apfelmus und Sojadrink unterrühren. Es sollte ein schwerer Teig entstehen, eventuell mehr Mehl zugeben. Die Rosinen gleichmäßig unterheben.

3. Das Frittierfett auf 180 °C erhitzen – steigen an einem hineingetauchten Holzstäbchen Blasen auf, ist das Fett heiß genug. Mithilfe von zwei Esslöffeln portionsweise Teighäufchen ins Fett geben und darin rundum goldbraun ausbacken. Auf Küchenpapier abtropfen lassen und zum Servieren mit Puderzucker bestäuben.

Möglichst frisch genießen!

Tipp

Ein Ei kann beim süßen Backen durch gut 100 g Apfelmus oder ½ sehr reife Banane oder durch Eiersatzpulver ausgetauscht werden.

Stütchen

Dringt der Duft frischer Stütchen aus der Bäckerei – wer könnte dem widerstehen? Wir machen es uns einfach und holen ihn uns nach Hause.

• • •

4-6 Stütchen oder ein Stuten in der kleinen Kastenform

ZUBEREITUNGSZEIT:
10 MINUTEN
+ 30 MINUTEN BACKZEIT
+ 75 MINUTEN ZEIT ZUM GEHEN

250 ml Sojadrink
500 g Weizenmehl, Type 405
50 g Rohrohrzucker
1 Würfel frische Hefe (ca. 40 g)
1 Prise Salz
60 g weiche vegane Butter
+ etwas flüssige vegane Butter zum Bestreichen
½ sehr reife Banane

Tipp

Statt der kleinen Stütchen kann man aus dem Teig einen Stuten in einer Kastenform backen.

1. Den Sojadrink leicht erwärmen. Das Mehl in eine große Schüssel sieben und in die Mitte eine Mulde hineindrücken. Die Hälfte des Zuckers und die zerbröckelte Hefe in die Mulde geben und mit dem warmen Drink verrühren, etwas Mehl darüberstäuben. Die Schüssel mit dem Vorteig mit einem sauberen Küchentuch bedecken und den Teig an einem warmen Ort 30 Minuten gehen lassen.

2. Den übrigen Zucker sowie Salz, weiche Butter und die pürierte Banane zugeben und alles zu einem homogenen Hefeteig rühren, der Blasen wirft und sich leicht vom Schüsselrand löst; eventuell mehr Mehl oder Drink zugeben. Die Schüssel wieder mit dem Tuch bedecken und den Teig nochmals 30 Minuten gehen lassen. Den Backofen auf 220 °C (Ober-/Unterhitze, 200 °C Umluft) vorheizen.

3. Den Teig mit den Händen durchkneten und Stütchen daraus formen. Diese auf ein mit Backpapier belegtes Blech geben und dort nochmals 15 Minuten gehen lassen. Die Oberfläche der Stütchen mit der flüssigen Butter bestreichen, damit sie schön glänzt und goldbraun wird. Auf der mittleren Schiene im Ofen ca. 30 Minuten backen. Bleibt an einem hineingesteckten Zahnstocher kein Teig mehr haften, sind die Stütchen gar.

Das Gebäck rasch verzehren, denn frisch schmeckt es am besten!

Gewürzgebäck

Da wird einem ganz weihnachtlich ums Herz: Frisch aus dem Ofen sind die würzigen Taler unwiderstehlich. Darum darf man „Flutschmoppen“ auch das ganze Jahr über zubereiten, wenn einem danach ist. Es ist ja so leicht!

Für etwa 20 Stück

ZUBEREITUNGSZEIT: 15 MINUTEN + 15 MINUTEN BACKZEIT

1 EL gemahlener Leinsamen
½ sehr reife Banane
250 g Zucker
200 g Weizenmehl, Type 405
50 g Maisstärke
½ Tütchen Backpulver
1 TL gemahlener Kardamom
1 TL gemahlene Nelken
1 EL gemahlener Zimt

Tipp

Den Zucker ganz oder teilweise durch Birkenzucker (Xylit) oder Kokosblütenzucker ersetzen – sie treiben den Blutzuckerspiegel nicht in die Höhe.

1. Den Backofen auf 180 °C (Ober-/Unterhitze, 160 °C Umluft) vorheizen. Den Leinsamen mit 100 ml Wasser verrühren und 10 Minuten quellen lassen. Die Banane schälen und pürieren. In einer Schüssel mit dem Leinsamen mischen und den Zucker schaumig unterrühren. Mehl, Maisstärke, Backpulver und die Gewürze darübersieben und alles miteinander verkneten, eventuell noch Wasser dazugeben.

2. Aus dem Teig mit angefeuchteten Händen kleine Kugeln formen und mit Abstand zueinander auf ein mit Backpapier belegtes Blech setzen. Vorsichtig etwas flach drücken und im vorgeheizten Ofen auf der mittleren Schiene gut 15 Minuten backen.

Mutzenmandeln

Die mandelförmigen, aromatischen „Mutzenmandeln“ werden im Rheinland zu Karneval oder Silvester, man darf es ruhig sagen, in rauen Mengen gegessen. Wer sie probiert hat, weiß auch, warum. Nicht mit den rautenförmigen Mutzen verwechseln! Die im Übrigen aber auch gut schmecken …

Für etwa 20 Stück, je nach Größe
ZUBEREITUNGSZEIT: 15 MINUTEN + FRITTIERZEIT

60 g zimmerwarme vegane Butter
50 g Zucker
½ sehr reife Banane
2 EL Rum
Salz
250 g Weizenmehl + Mehl für die Arbeitsfläche
5–6 EL Mandeldrink
1,5 kg Kokosfett zum Frittieren
Puderzucker zum Bestäuben

1. In einer großen Schüssel die Butter mit dem Zucker schaumig rühren. Die Banane schälen und pürieren, mit Rum und Salz unter die Zuckermischung rühren. Das Mehl darübersieben und den Mandeldrink dazugießen. Alles zu einem geschmeidig-festen Teig verkneten.

2. Den Teig auf einer bemehlten Fläche fingerdick ausrollen, erst in breite Streifen, dann in etwa tropfenförmige Stücke schneiden – oder einen Mutzenmandel-Ausstecher verwenden.

3. Das Frittierfett auf 180 °C erhitzen – steigen an einem hineingetauchten Holzstäbchen Blasen auf, ist das Fett heiß genug. Die Mutzenmandeln im Fett goldbraun ausbacken. Auf Küchenpapier abtropfen lassen und zum Servieren mit Puderzucker bestäuben.

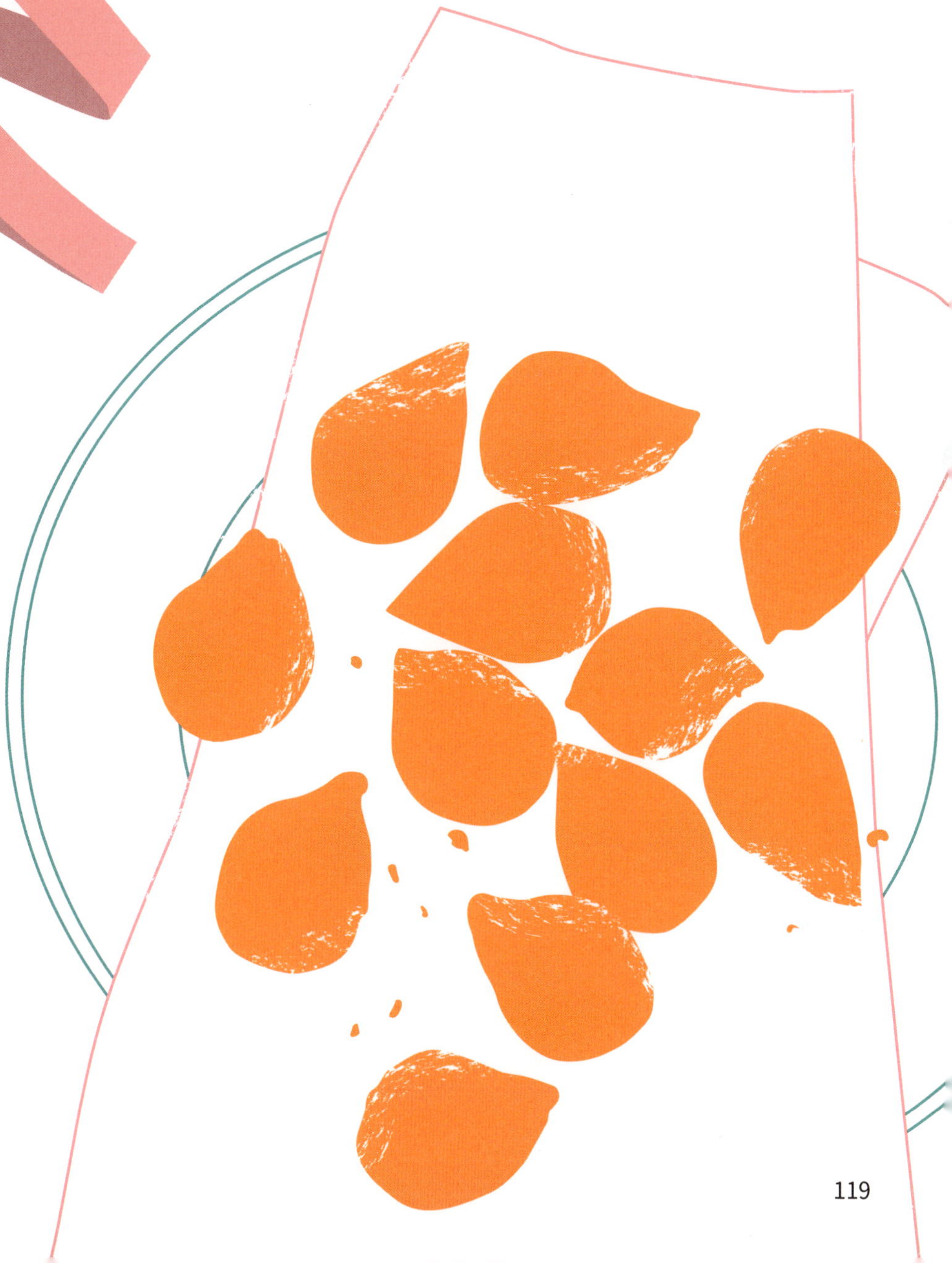

Weckmänner

Zwischen St. Martin am 11. November und Nikolaus am 6. Dezember erfreuen Weckmänner, auch Buhmänner oder Puhmänner genannt, Klein und Groß. Erst nur einen Arm naschen, ach, auch gleich den anderen, wie lecker. Und weg isser!

• • •

Für 4 Stück

ZUBEREITUNGSZEIT:
10 MINUTEN
+ 20 MINUTEN BACKZEIT
+ 1 STUNDE ZEIT ZUM GEHEN

Für den Teig:

350 g Mehl + etwas Mehl zum Bestäuben
1 Würfel frische Hefe
125 ml lauwarmer Sojadrink
3 EL Rohrohrzucker
40 g vegane Butter
1 Prise Salz
70 g feines Apfelmus (siehe Seite 108/109)
20 Rosinen für Augen und Knöpfe
1 EL Sojasahne
1 EL Sesamöl

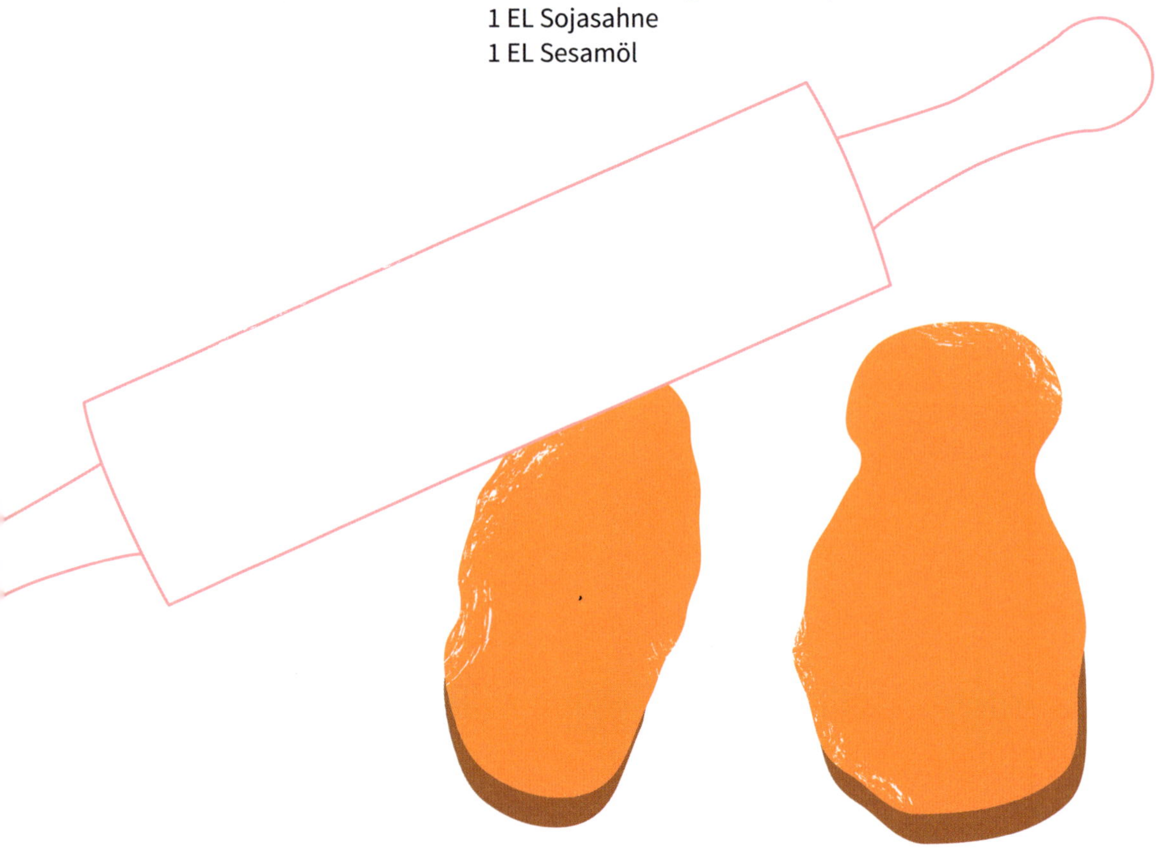

1. Das Mehl in eine Schüssel sieben und eine Mulde hineindrücken. Die Hefe hineinbröseln und mit dem Sojadrink übergießen. Von den Rändern her einen Vorteig anrühren und abgedeckt an einem warmen Ort 15 Minuten gehen lassen.

2. Die übrigen Zutaten bis auf Rosinen, Sojasahne und Sesamöl unterkneten – der Teig sollte Blasen werfen und sich leicht vom Schüsselrand lösen. Mit etwas Mehl bestäuben und abgedeckt an einem warmen Ort nochmals 30 Minuten gehen lassen.

3. Den Backofen auf 200 °C (Ober-/Unterhitze, 180 °C Umluft) vorheizen. Den Teig nochmals durchkneten und vier breite Ovale daraus formen, etwas flach rollen. Auf ein mit Backpapier bedecktes Backblech legen. Jeweils oben eine Kopfform ausschneiden, rechts und links die „Arme“ abtrennen (nicht durchtrennen!) und unten durch einen mittigen Schnitt die „Beine“ herstellen. Nochmals 15 Minuten gehen lassen.

4. Rosinen als Augen und Knöpfe in die Weckmänner drücken und die Weckmänner mit einer Mischung aus Sojasahne und Sesamöl bestreichen. Die Weckmänner im vorgeheizten Ofen auf der mittleren Schiene 15–20 Minuten nicht zu dunkel backen.

Und dann Menschen Freude damit bereiten.

Pflaumenkuchen vom Blech

Ende August, Anfang September werden die Bienen am Rhein verrückt: Dann sind die saftigen Pflaumen reif und locken mit paradiesisch fruchtig-süßem Duft. Leider sind die Menschen schneller, pflücken große Körbe voll und kochen Pflaumenmus oder backen Pflaumenkuchen auf dem Blech. Jetzt kommen die Bienen wieder ins Spiel …

• • •

Für 1 Kuchenblech
ZUBEREITUNGSZEIT:
30 MINUTEN
+ 55 MINUTEN ZEIT ZUM GEHEN
+ 40 MINUTEN BACKZEIT

2 kg Pflaumen
500 g Weizenmehl + Mehl für die Arbeitsfläche
1 Päckchen frische Hefe
250 ml lauwarmer Mandeldrink
100 g Vollrohrzucker
100 g zimmerwarme vegane Butter
½ vollreife Banane, püriert
1 Prise Salz
4 EL Hagelzucker
1 ½ EL gemahlener Zimt

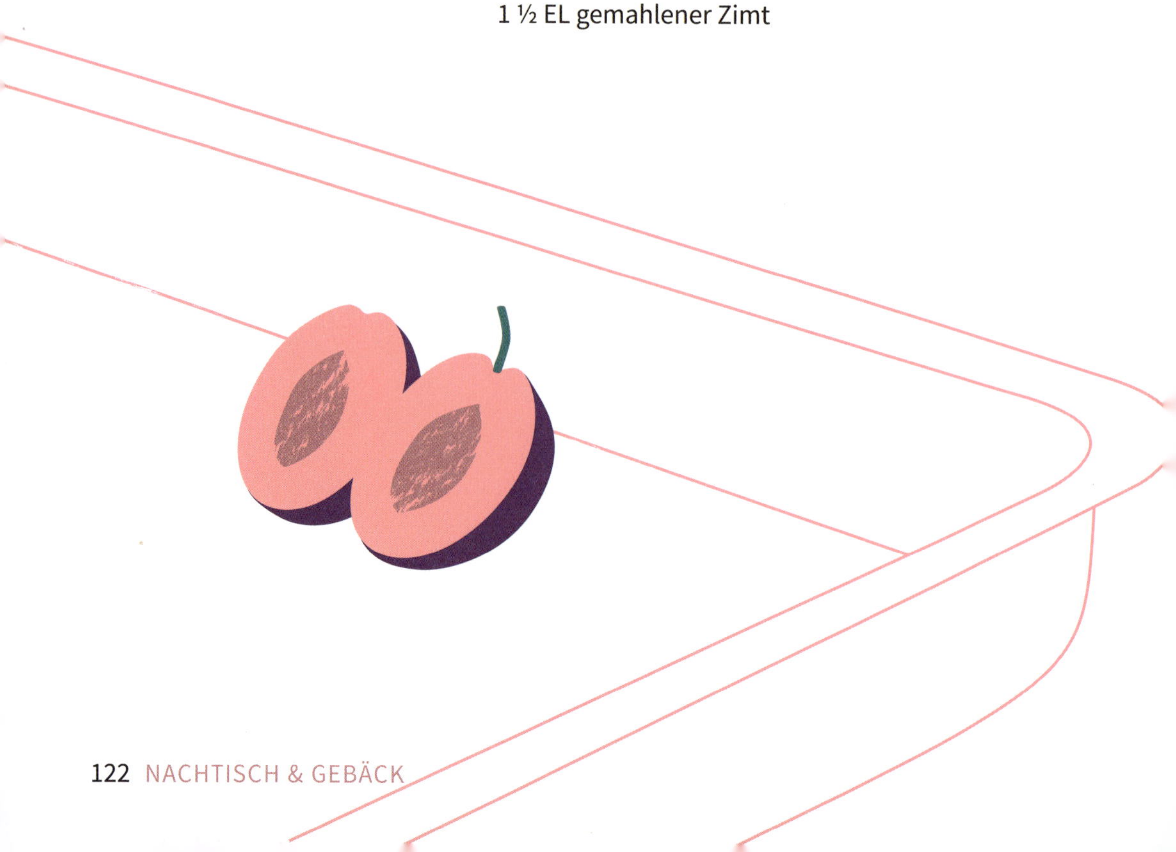

1. Die Pflaumen waschen, halbieren (dabei aber die Hälften nicht trennen) und entsteinen – die Früchte mit „Gästen“ darin entsorgen. Das Mehl in eine Schüssel füllen und mittig eine Mulde hineindrücken, die Hefe hineinbröseln. Den Mandeldrink mit 1 TL Zucker verrühren und darübergießen. Einen Vorteig herstellen und abgedeckt an einem warmen Ort 30 Minuten gehen lassen.

2. Den übrigen Zucker, Butter, Bananenpüree und Salz zugeben und alles zu einem geschmeidigen Teig verrühren. Wird der Teig zu trocken, mehr Mandeldrink, wird er zu feucht, mehr Mehl zugeben. Nochmals abgedeckt an einem warmen Ort 15 Minuten gehen lassen. Durchkneten und auf einer bemehlten Arbeitsfläche ausrollen. Auf das gefettete Blech legen, abdecken und nochmals 10 Minuten gehen lassen.

3. Den Backofen auf 180 °C (Ober-Unterhitze, 160 °C Umluft) vorheizen. Die Pflaumen fächerförmig auf dem Teig auslegen und den Kuchen im vorgeheizten Ofen auf der mittleren Schiene 35–40 Minuten backen. Den noch warmen Kuchen mit einer Mischung aus Hagelzucker und Zimt bestreuen.

„Eier" Likör

Der schmeckt zu vielen Gelegenheiten, auch als Sößchen über Eis, Fruchtkompott oder auf die Pfannkuchen von Seite 30/31 (ohne „Speck") geträufelt.

Für 1 Flasche
ZUBEREITUNGSZEIT:
15 MINUTEN
+ 10 MINUTEN KOCHZEIT

1 Päckchen veganer Vanillepudding
600 ml Mandel- oder Vanilledrink
60 g Rohrohrzucker
8 cl weißer Rum
1 Msp. gemahlene Kurkuma

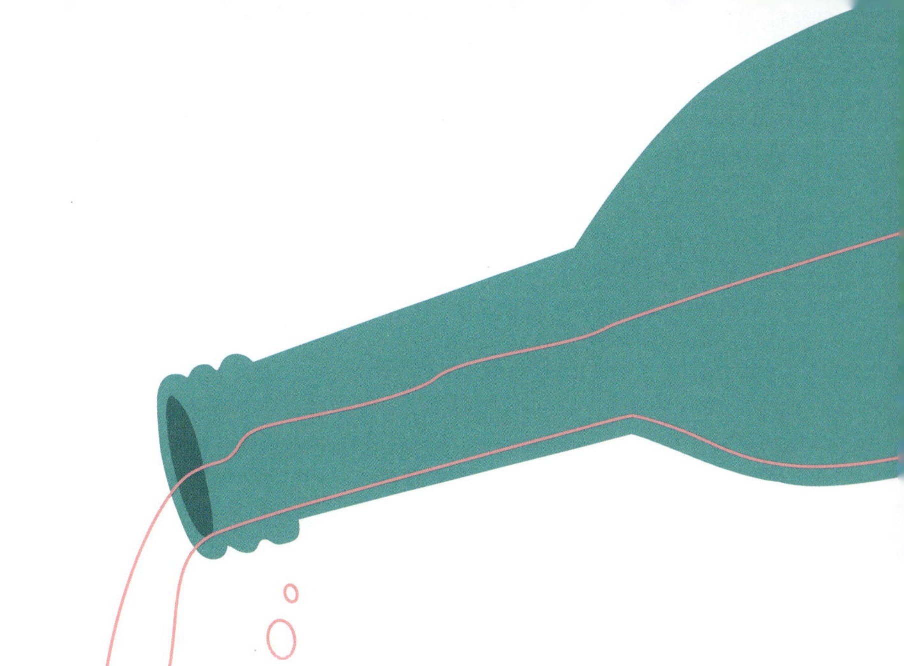

1. Aus dem Puddingpulver nach Packungsanweisung mit dem Vanille- oder Mandeldrink einen Vanillepudding herstellen. Rohrohrzucker, Rum sowie Kurkuma unterrühren.

2. Das Pudding-Rum-Gemisch in eine Flasche von mindestens 0,8 l Fassungsvermögen füllen, verschließen und gut schütteln. In den Kühlschrank stellen und über Nacht durchziehen lassen.

3. Vor dem Servieren nochmals kräftig schütteln und dann genießen.

Prost!

Register

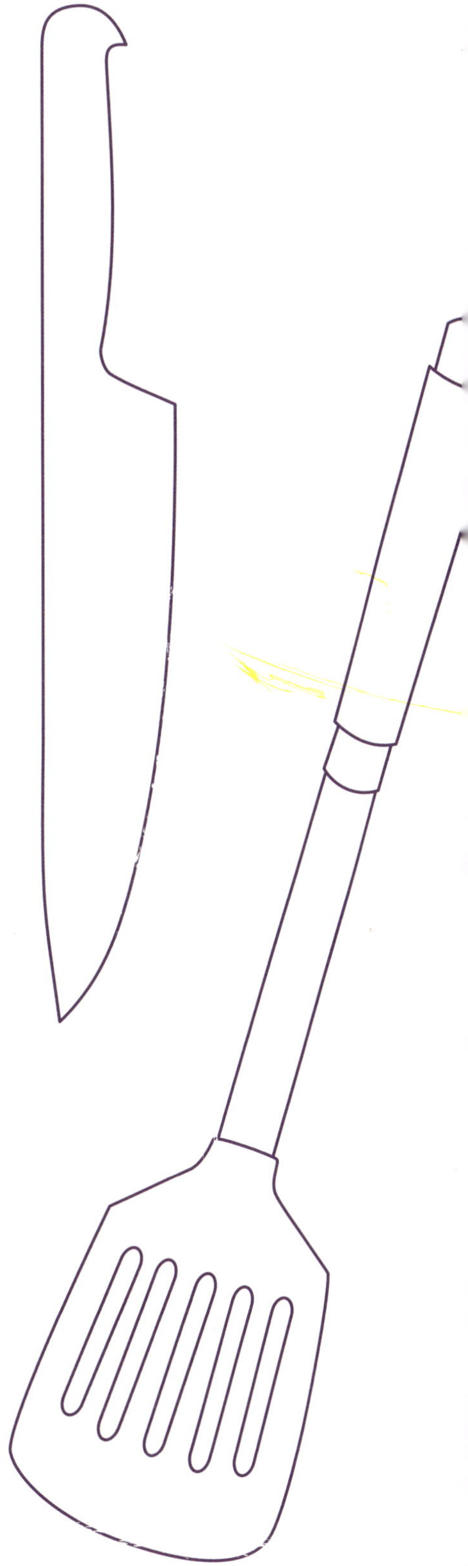

Impressum

Bibliografische Information der Deutschen Nationalbibliothek

Die Deutsche Nationalbibliothek verzeichnet diese Publikation in der Deutschen Nationalbibliografie; detaillierte bibliografische Daten sind im Internet über http://dnb.d-nb.de abrufbar.

Gesamtgestaltung
Lili Beckers, Köln &
Sebastian Wagner, Düsseldorf

Druck und Bindung
Westermann Druck Zwickau GmbH, Zwickau

ISBN 978-3-7700-1594-8

www.drosteverlag.de